Lucy Cavendish
& Jasmine Becket-Griffith

Shadows & Light-Orakel

Lucy Cavendish

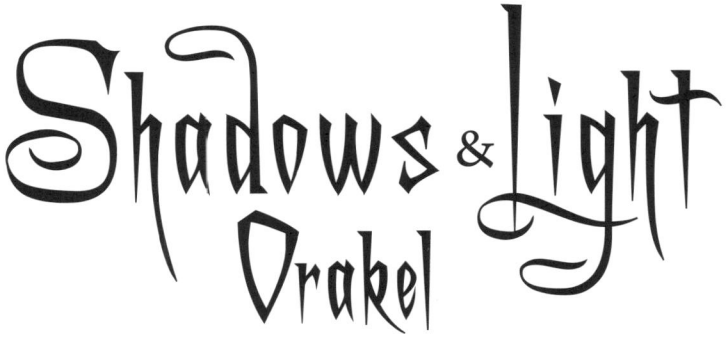

Shadows & Light Orakel

Faszinierende Wesen aus Licht und Schatten

Illustrationen von Jasmine Becket-Griffith

Aus dem Englischen von Susanne Lück

// SILBERSCHNUR ❧ VERLAG

Für dich.
Damit du lernst,
dein Licht und deine Schatten zu lieben.

☉☉

Copyright © 2010, 2012 by Lucy Cavendish and Jasmine Becket-Griffith
Titel der Originalausgabe: *Oracle of Shadows & Light*
First published by Blue Angel Publishing, www.blueangelonline.com,
Revised edition by Simon Pulse, Imprint of Simon and Schuster/Beyond Words
Publishing, Inc., Hillsboro, Oregon, www.beyondword.com.
Translation rights arranged through Sylvia Hayse Literary Agency, LLC, USA

Copyright © der deutschen Ausgabe:
Verlag "Die Silberschnur" GmbH

ISBN: 978-3-89845-367-7

1. Auflage 2012

Übersetzung: Susanne Lück
Illustrationen: Jasmine Becket-Griffith
Gestaltung & Satz: XPresentation, Güllesheim
Printed in China

Verlag "Die Silberschnur" GmbH · Steinstr. 1 · 56593 Güllesheim
www.silberschnur.de · E-Mail: info@silberschnur.de

Inhalt

Einführung

Weisheiten für Mystiker, Suchende und Wanderer zwischen den Welten

Bittersüß ... unerhört ... unkonventionell ... rebellisch ...
frech ... launisch ... unsichtbar ...

Solche Worte werden nicht oft mit der Geisterwelt in Verbindung gebracht, nicht wahr? Dennoch waren einige der spirituellsten Wesen, die je gelebt haben, jene, die sich dem, was wir den Mainstream nennen, am stärksten widersetzten. Sie passten nicht dazu. Solche Wesen kennen wahre Verzweiflung. Und sie wissen, dass ehrlich und authentisch zu sein, eine der größten Stärken auf allen spirituellen Pfaden ist!

Mit diesen Karten bitten sie ihre Betrachter, sich ebenfalls aus den Schatten zu lösen, sich nicht länger zu verbergen und sich einem Orakel anzuvertrauen, das bereit ist, ihre Individualität und ihr schräges Genie anzuerkennen. Ebenso kommen die Wesen, die sich hier zeigen, selbst aus ihren verborgenen Reichen hervor. Sie konnten ihre Weisheit nur in Geschichten, Märchen und Legenden zu uns herüberschmuggeln – und doch sind sie ebenso echt und kraftvoll wie die Bewohner himmlischer Gefilde.

Sie sollen sich nicht länger in die Schatten zurückziehen müssen! Mit der Magie dieses Orakels können auch die scheuesten unter ihnen hervorkommen und ihre Botschaft offenbaren. Willkommen in ihrer Welt der mysteriösen Magie und Schönheit, wo die Wirklichkeit rätselhafter ist als die Träume – doch diese werden sehr wahrscheinlich wahr werden, sobald man zur wahren eigenen Kraft erwacht!

Wenn man dieses Orakel zurate zieht, geschieht etwas Faszinierendes und Wunderbares, denn dieses Kartendeck ist nicht wie andere: Es ist den Einsamen und Verlorenen gewidmet, den Unglücklichen, den Waisen und den Außenseitern – denen, die selbst von Freunden umgeben noch Fremde sind.

Dieses Orakel ist ihr Leitfaden zum eigenen Pfad, zu einer veränderten Welt, in der die Herzen heilen und in der die wahren Seelenverwandten gefunden werden, solange sie noch auf diesem Planeten weilen.

Die Energie dieses Orakels wird von süßen kleinen Geistern gespeist, die neblige Kürbisfelder heimsuchen. Es sind unheimliche Halloween-Jäger, entrüstete Engel, seltsame Hexenschwestern und mürrische Feen – die doch alle unser Unglück lindern. Die Botschaften und Bilder dieses einzigartigen Orakels fließen über vor fremdartiger, düsterer und bittersüßer Schönheit. Hier finden diejenigen ein Zuhause, die schon so lange eines entbehren. Das Orakel ruft sie, all die Sonderlinge und Wanderer zwischen den Welten, die schon alles gesehen haben und uns so viel zu sagen haben. Wer es wagt, sie zu fragen, enthüllt eine Welt dunklen Glanzes, düsterer Mystik und ungewöhnlichen Mutes.

Sagen Sie der Furcht adieu. Machen Sie sich bereit, den Schleier zu lüften und diese magische Welt zu betreten!

◉◉◉◉◉ *Willkommen in der Welt der Wesen aus Schatten und Licht*

Sie lauern an ganz gewöhnlichen Orten, hinter der Tür, unter den Dielen, im Kürbisfeld und tief unter dem Gewühl der großen Städte. Dort leben weise Geschöpfe, die wir manchmal wispern hören, doch der Lärm unseres Alltagslebens übertönt sie zumeist gnadenlos.

Diese magischen Geschöpfe sind scheu und reizend, ausdauernd und in dunkler Mission unterwegs. Viele gehören zu denen, die man "Fremdlinge" nennt, die nicht so durchs Leben gehen, wie es den meisten von uns noch beigebracht wurde. Diesen kleinen Geistern, Engeln, Feen und Meerjungfrauen ist es eine Freude, wenn sie Sie mit unter ihre Flügelchen nehmen dürfen. Sie werden Sie bitten, sich genau anzusehen, wovor Sie Angst haben – und Sie werden entdecken, dass Sie sich schon zu lange vor anderen Menschen oder vor Anteilen in sich selbst fürchten, die in Wahrheit auf ihre eigene und wilde Art wunderschön sind. Sie werden Sie bitten, mit Ihrem ganzen Wesen zu arbeiten und sich als die einzigartige Person zu erleben, die Sie in Wirklichkeit sind.

Diese Wesen wollen nicht, dass Sie der Form halber lächeln oder sich fröhlicher geben, als Sie sich fühlen. Sie wollen nur, dass Sie sich mit weniger

Voreingenommenheit aufmerksam umsehen und die mannigfaltigen Wunder in der Welt um uns herum und in der Welt zwischen den Welten erkennen.

Wagen Sie es, abseits vom ausgetretenen Pfad zu gehen, und schlagen Sie einen Weg ein, der ganz der Ihre ist. Es mag sich von Zeit zu Zeit unwegsames Terrain vor Ihnen erstrecken, und nicht immer wird ein klares Ziel am Horizont sichtbar sein. Aber es wird ein schöner Weg werden, und die Welt wird sich verändern, weil Sie sich für Ihren individuellen Weg entschieden haben.

Die Wesen des Schattens und des Lichts kommen zu uns, um uns die verborgenen Aspekte unserer Seele zu zeigen, um uns an vergessene Kindheitsträume zu erinnern und um uns aufzufordern, die Wahrheit zu sagen und ganz wir selbst zu sein, ohne andere Konsequenzen als Freiheit und Freude zu erwarten.

Wir sollen uns eingestehen, wenn wir traurig sind. Zu häufig ignorieren wir die Botschaften, die doch aus den machtvollsten und schönsten Quellen stammen. Und zu häufig fragen wir immer dieselben Instanzen um Rat, die keineswegs immer die richtigen sind.

Erzengel, Götter und Göttinnen, intergalaktische Wesen – ihre Weisheit kennen viele. Doch was ist mit den weichen, nebulösen Stimmen, die aus den dunklen Ecken unserer eigenen Welt zu uns dringen? Was wäre, wenn wir uns nun auf diese Wellenlänge begäben und tatsächlich darauf achteten, was und wer um uns herum lebt? Wenn wir nun heute einen anderen Heimweg einschlügen und zum ersten Mal richtig auf den Spielplatz achtgäben, an dem wir jeden Tag vorbeikommen? Wenn wir nun aus dem Auto stiegen und aufs offene Feld oder Meer hinausspähten, um die wilde, weite Energie zu spüren? Was, wenn wir uns ganz und gar auf die Welt aus Licht und Schatten um uns herum einließen? Wenn wir das täten, dann weiß ich, was wir finden würden: kleine Geister mit einer Botschaft, grimmige Engel, die uns schon zu oft ungesehen den richtigen Weg gewiesen haben, und Boten aus dem verborgenen Reich, die uns vor Augen führen, dass wir uns unsere Kraft und unser Urvertrauen stehlen lassen. Mit diesen Orakelkarten aber finden wir einen Zugang zu unserer Authentizität, zu unserem ureigenen Leben in all seiner einzigartigen Schönheit.

Die Karten sind ein Portal zu einer anderen Welt, und doch scheinen sie seltsam vertraut. Ihre Welt ist weder die blendende "Reinheit" engelsgleicher Verklärung noch die finstere Abgründigkeit der Unterwelt. Sie umfasst beides und zugleich alle Übergänge und Stufen dazwischen. In dieser Welt leben Wesen, die sich schon lange danach sehnen, ihre zauberhafte Weisheit mit uns zu teilen. Indem wir uns ihnen zuwenden, erkennen wir auch den gesellschaftlich vielleicht nicht anerkannten Aspekten unserer Seele einen Platz in unserem Leben zu.

◉◉◉◉◉ *Seltsam muss nicht schlecht sein*

Haben Sie auf das Wort "seltsam" irgendwie reagiert? Wenn ja, kein Wunder. Viele von uns sind auf ihre ganz eigene Weise seltsam, doch indem wir uns immer nur ins graue Maß des "Normalen" zwängen, verleugnen wir unseren inneren Schatten – und damit auch unser inneres Licht. Wenn wir ständig so viel psychische und physische Energie darauf verwenden, in die Schubladen der anderen zu passen, dann ziehen sich andere Anteile von uns verletzt ins Verborgene zurück. Doch: Letztlich brechen sie sich auf andere Weise Bahn.

Die begabtesten Musiker, Schriftsteller und Künstler haben sich mit ihrer eigenen Andersartigkeit angefreundet. Lassen Sie ab heute zu, dass Ihre Exzentrizität sich einmal durchsetzt. In ihr liegen große Schönheit, Kraft, Talente und Fähigkeiten. Wenn Sie ihr den nötigen Raum geben, werden Sie Ihre Tiefen ausloten, sich Ihre Ziele weiter stecken und eine unglaubliche Verwandlung erleben …

◉◉

Außenseiter und Mystiker

Menschen, die sich nicht leicht anpassen, sind oft genau diejenigen, die die Welt verändern können. Das Universum jubelt, wenn wir unsere Ketten der "Normalität" abwerfen und endlich authentisch werden. Eine Sitzung mit dem Orakel vermittelt Ihnen genau die Einsicht und Unterstützung, die Sie

brauchen, um ohne Scheu genau das zur Entwicklung unseres Planeten bei-
zutragen, was Ihre Bestimmung ist.

◉◎◉◎◉ Die Schönheit der Schatten

Dass wir der sogenannten dunklen Seite des Lebens und den Schatten nur
Negatives zuschreiben, war uns schon immer hinderlich. Wir brauchen beides: Schoß und Geburt, Erde und Himmel, oben und unten. Die Dunkelheit
ist nicht böse oder schlecht, sie ist nicht nur ein Ort für grässliche Monster.
Die Dunkelheit ist …

… die Sanftheit der Nacht, auf deren samtenem Mantel die Sterne
schimmern.

… die Gebärmutter, in der wir alle wie winzige Meerjungfrauen zehn
Mondphasen lang vor der Geburt schwimmen.

… der ruhige, schwere Teil der Erde, in dem ein Samenkorn gedeiht.
Aus diesem weichen, schwarzen Ort voller Macht und Energie
erwächst neues Leben.

Ja, im hellen Licht ist es schön – und dennoch brauchen wir alle auch das
Dunkle in uns. Wir brauchen einen ruhigen, nachtdunklen Ort zum Schlafen. Das Licht der Sterne können wir nur nachts richtig wahrnehmen, und
der Mond strahlt um Mitternacht am hellsten. Der Winter bietet mit weniger
Licht die rechte Zeit für Ruhe und Erholung, und die dunkelsten Phasen
unseres Lebens erleben wir oft gleichzeitig als tiefgreifende Lektionen, als
Zeiten der Erneuerung, in denen wir unsere Widerstandskraft zu schätzen
lernen und aus denen wir gestärkt hervorgehen. Solche dunklen Phasen sind
keineswegs leicht. Aber sie helfen uns, unsere wahren Talente zu entdecken.
Hierzu möchte ich etwas von meiner Geschichte beitragen. Als ich klein
war, wurde ich bei einem Autounfall schwer verletzt, was mich lange Zeit
ans Bett fesselte. Ich musste oft operiert werden und litt große Schmerzen.
Dennoch geschah etwas sehr Interessantes, als ich im Krankenhaus und später zu Hause im Bett lag. Die physische Sehkraft meiner Augen hatte bei
dem Unfall stark gelitten, aber gleichzeitig erwachte plötzlich meine innere
Sehkraft – meine außersinnliche Vision. Ich konnte kaum etwas im Raum
oder von der Gestalt anderer Menschen erkennen. Doch etwas Neues kam
mir zu Hilfe: Ich begann, Farben und Formen um die Menschen herum zu

sehen. Ich konnte nun erkennen, wer jemand war, indem ich seine Energie wahrnahm. Auf der Kinderstation der Klinik bekam ich das Leid der kleinen Patienten mit – aber ich sah auch, mit welcher bewundernswerten Kraft sie es meisterten. Ich spürte auch das Pflegepersonal in ganz anderer Weise und sah Engel, Geistführer und liebevolle Feenwesen, die den Kindern beistanden – Heiler aus den Reichen der Schatten und des Lichts. Als ich den Mut der anderen Kinder und das Engagement des Klinikteams erkannte, schwoll mein Herz vor Mitgefühl und Anteilnahme an, und ich begann zu verstehen, was wirklich wichtig ist im Leben. So schmerzhaft und schwierig der Unfall also auch gewesen sein mag, er eröffnete mir doch eine völlig neue Art zu sehen und zu fühlen und vertiefte mein Verständnis für universelle Zusammenhänge in ungeahnter Weise. Immer wieder können wir feststellen, dass die wirklich schweren Phasen im Leben dann, wenn wir uns ihnen offen und mutig stellen, auch echten Segen mit sich bringen.

Einige der hilfreichen Wesen, die mir und den anderen Kindern damals beistanden, finden sich in diesen Karten wieder – sie sind hier und können uns durch schwere Zeiten begleiten. Indem wir eine Verbindung zu ihnen aufbauen, können wir die Trauer in unserem Innern spüren, die Schönheit sensibler Empfindungen und wir erkennen, wie tief und transformatorisch eine Heilung sein kann. Wir sehen, wo die Grenzen überschritten wurden – und wo wir mehr tun müssen. Wir erlauben unseren wahren Emotionen, sich hervorzuwagen und gefühlt zu werden – auch und gerade wenn sie uns bis ins Innerste treffen. Wir finden zu unserem Gleichgewicht zurück – zu einer einzigartigen, absolut unverwechselbaren Verschmelzung von Form, Geist, Licht und Schatten.

◉◎◉◎◉ Die Gefahr endlosen Lichts

Das Problem, vordergründig ausschließlich "Gutes" darzustellen, wird in dem Harry-Potter-Roman *Harry Potter und der Orden des Phoenix* perfekt illustriert. Darin kommt eine wunderbar bösartige Figur namens Dolores Umbridge vor, die in ihrer sorgfältigen Regelkonformität und ihrer Vorliebe für Vorschriften unsere übliche Auffassung von "gut" verkörpert. Sie spricht in sanftem Ton, trägt Pastellfarben und umgibt sich in ihrem Büro mit Katzenpostern. In Wirklichkeit aber ist sie grausam, ungerecht und rachsüchtig.

Häufig hat jemand, der wie Dolores Umbridge ganz und gar "im Licht" zu stehen scheint, einen Koffer voller Schatten irgendwo versteckt, der herausgezerrt, geöffnet und zur Kenntnis genommen werden möchte. Dieser Prozess des Anerkennens verwandelt alles Negative in echte Stärken. Er macht uns ganz. Er heilt uns.

Auf einem Festival hatte ich neulich einmal das rebellische Verlangen, den etwas gezwungenen Fokus auf Liebe und Licht, der dort herrschte, zu widerlegen. Denn obwohl Liebe und Licht zweifellos schöne Empfindungen sind, herrscht doch eine reichlich verwirrende Energie, wenn man beide an sich reißt und vorschützt, während man unbewusst eine ganz andere Botschaft aussendet. Alle gaben vor, sich "großartig" und "fabelhaft" zu fühlen, aber die Energie schien auf sonderbare Weise entgleist. Die frohen Gesichter der Menschen waren, das spürte ich, allzu oft nur Fassade.

Gleichzeitig hatte ich die Vision einer kleinen, schmollenden Fee mit riesigen Augen, die im Schneidersitz dasaß und finster dreinsah. Ihre Aufmüpfigkeit war erfrischend und befreiend. Dank der mürrischen kleinen Fee gab ich meinem Bedürfnis nach und erklärte den Tag zur mürrischen Zone. Viele um mich herum hatten Angst, sich dem allgemeinen Frohsinn zu widersetzen, weil sie nicht riskieren wollten, Trübsal anzuziehen oder – noch schlimmer – schief angesehen zu werden. Dabei erkannten sie ihre wahren Gefühle nicht an. Ich aber erklärte offen, wer wolle, dürfe gerne vorbeikommen und die mürrische Fee und mich besuchen, um auf dem Boden zu hocken, zu schmollen und sich ein wenig zu beklagen. Ich hielt das für tröstlich.

Binnen Minuten geschah etwas ganz Erstaunliches. Immer mehr Leute kamen zu mir, der Verkauf brummte und viele entzückende Menschen erzählten mir ihre Geschichte. Das war keineswegs nerviges Gejammer, sondern aufrichtig und wahrhaftig. Nach kurzer Zeit erklang – Ironie des Lebens – herzliches Gelächter, und jeder bemerkte, wie auffällig gut unsere Energie geworden war. Durch den Entschluss, der Wahrheit und den Schatten Tribut zu zollen, hatte sich das Licht in uns letztlich nur verstärkt. Und diese transformatorische Kraft ist dieselbe, an die dieses Orakel Sie heranführen möchte.

Die Wesen der Schatten und des Lichts

In diesen Karten stecken viele liebreizende Wesen – das Licht und die Dunkelheit tanzen miteinander und erschaffen Schönheit und Vielfalt. Eines der freundlichsten Wesen ist sicher die TROCKENBLUMENFEE, die uns unsere schönen Erinnerungen Stück für Stück vor Augen führt, bis wir verstehen, wie beneidenswert wir wirklich sind. Im Folgenden stellen sich einige weitere Wesen vor, die wir kennenlernen werden:

Geister: Ich liebe die Geistwesen, die durch diese Karten und durch diese Welt schweben. Die Geister in diesem Orakel sind aber keine unglücklichen Geschöpfe, die tragisch an die Erde gebunden bleiben, sondern Wesen mit einer heiligen Pflicht, die uns die Wahrheit über die zu einem Ort oder einer Zeit gehörige Energie zeigen wollen. Niemand muss versuchen, sie ins Licht zu führen! Sie gehen dann, wenn ihre Arbeit getan ist. Das Geschöpf aus der Karte GEISTER DER VERGANGENHEIT ist beispielsweise hier, um uns zu zeigen, was wir aus unserer eigenen Vergangenheit lernen sollten, und um uns einen Eindruck davon zu vermitteln, wie weit wir auf unserem Weg bereits gekommen sind.

Meerjungfrauen: Dieses Orakel wimmelt nur so von den Sirenen des Meeres. Sie bringen uns in Kontakt mit unseren Gefühlen und helfen uns dabei, unsere wahre Einstellung zu erkennen, damit wir eins mit unserer Gefühlswelt werden können. Beispielsweise spricht die MEERJUNGFRAU DER SONNENFINSTERNIS von Zeiten gewaltiger emotionaler Veränderung und hilft uns dabei zu verstehen, was mit uns geschieht. Die ABWASSER-MEERJUNGFRAU hingegen erinnert uns an unsere Sinnlichkeit und den Genuss, der damit verbunden ist. Sie ermahnt uns aber auch, dass wir unseren Körper mit Liebe und Respekt behandeln sollten.

Ahnen: Wesen wie etwa die DAME MIT DEM BOSCH-EI speichern in sich das uralte Wissen aus Äonen. Sie bewachen und beschützen dieses Wissen schon lange Zeit. Wenn sie erscheinen, gewähren sie uns Zugang zu heiligen Erkenntnissen, und für einen kurzen Moment werden auch wir selbst dann zu Wächtern des uralten Wissens.

Feen: Diese liebevollen und anmutigen Naturgeisterchen sind verspielt, frei und sehr sinnlich. Sie sind auch ungeheuer mitfühlend. Die Fee, die im Orakel HEILERIN GEBROCHENER HERZEN heißt, nimmt sich derer an, die emotionalen Kummer haben. Wenn sie erscheint, dann will sie uns aus der Trauer herauslocken, damit sie unsere Herzensnot lindern kann.

Hexen: Diese weithin gefürchteten und beargwöhnten Wesen, die sofort zum Sündenbock gemacht werden, bedienen sich magischer Kräfte und tragen (nicht immer) dunkle Kleidung, um weniger aufzufallen. Sie begegnen uns vielleicht ein wenig misstrauisch – lange genug wurden sie schließlich zu Unrecht verurteilt. Doch sie sind nützliche und unendlich weise Helferinnen mit unglaublichen Fähigkeiten und einer wunderbaren Verbindung zu allen Elementen. Erscheint uns eine von ihnen, sollten wir darauf achten, ob unsere eigenen Kräfte nicht gesteigert wirken … Die Karte ZWEI KLEINE HEXEN möchte uns zum Beispiel über Räume aufklären und uns dazu bringen, verbrauchte Energien loszuwerden, die diese Räume eventuell blockieren.

Engel: Die Botschafter des Himmels und anderer luftiger Reiche (galaktische Besucher etwa werden häufig mit Engeln verwechselt) können wie unser GEWITTERENGEL recht grimmig erscheinen, weil sie uns oft ernsthafte Warnungen überbringen. Es ist auch für Engel anstrengend, kein Gehör zu finden. Engel sind so unermesslich intelligent, dass sie ihre Botschaften an uns manchmal vereinfachen müssen. Einige von ihnen haben sogar schon vergessen, dass sie Engel sind, und in dem Glauben, zu den Menschen zu gehören, wundern sie sich, warum die Welt ihnen so sonderbar erscheint.

Energiesauger: Bestimmte bedürftige Wesen können die Energie von Menschen, Tieren, Pflanzen oder Orten anzapfen, um sich selbst zu bedienen. Meist ist es gar nicht schwer, sie loszuwerden, und unsere Furcht vor ihnen, das muss uns klar sein, steigert ihr Bedürfnis und ihren Hunger nur noch. Auch Schuldzuschreibungen bringen nichts. Wie vor den Wesen in der Karte GESICHTSLOSE GEISTER UND SPUKOPFER sollen wir uns vor ihnen aber in Acht nehmen. Diese Karte ermahnt uns, uns von solchen Wesen oder von Menschen, die sich ähnlich verhalten, fernzuhalten.

Personen der Geschichte: In den Kartenbildern begegnen uns hier und dort historische Figuren wie etwa die Maskenträger in GEISTER DER VERGANGENHEIT. Wovon berichten sie uns? Von Krankheit oder Furcht? Eine alte Uhr oder der ENGEL DER ZEIT mögen sich zeigen, doch anders als die üblichen und zu erwartenden Bilder überschreitet Jasmine Becket-Griffiths Kunst die Grenzen zwischen der irdischen Welt und dem Reich aus Licht und Schatten und lässt uns erkennen, was *wirklich* um uns herum vor sich geht.

◉◉◉◉◉ *Woher kommen diese Wesen?*

Viele magische Reiche sind uns bekannt – das Reich der Feen zum Beispiel, das der Engel und das der Aufgestiegenen Meister. Die Partnerschaft, die wir Menschen mit den Geistern gewisser Orte eingegangen sind, mit Erscheinungen der Urahnen und mit weisen Hexen ist so alt wie die Welt. Wir haben uns immer gegenseitig geholfen, bis wir Menschen uns abgewandt haben, weil man uns zu oft gesagt hat, diesen Wesen sei nicht zu trauen. Doch eines ist gewiss: Wir brauchen diese wunderhübschen Freunde aus den Reichen aus Licht und Schatten nur um Hilfe zu bitten, und sie gewähren sie uns. Selbst wenn sie vielleicht ein wenig keck daherkommen mag, wird ihre Anwesenheit uns doch immer auf unserer Suche nach dem wahrhaft wunderbaren Leben unterstützen.

Um diese weisen und hilfreichen Wesen verstehen zu können, sollten wir wissen, woher sie kommen. Sie sind schon viel länger unter uns, als viele von uns glauben – und sie treten meist zu besonders wichtigen und entscheidenden Zeitpunkten in unserer persönlichen oder kulturellen Entwicklung auf den Plan.

Einige, wie etwa AMARA DIE MENEHUNIN, stammen von Orten auf dieser Erde, deren Energie ihren Ursprung auf Hawaii hat. Andere kommen aus dem tiefsten Süden der USA und besitzen die putzigsten und altmodischsten Manieren. Das Wesen der Karte ICH BIN KALI ist hinduistischer Abstammung und kommt aus den unendlichen Weiten des indischen Subkontinents. GESICHTSLOSE GEISTER UND SPUKOPFER haben ihre Wurzeln in Japan. Einige andere Wesen stammen dagegen aus Zwischenwelten: Die MEERJUNGFRAU DER SONNENFINSTERNIS ist kosmischer Natur, der

Schnee-Engel himmlischen Ursprungs (wenn auch nicht ebensolcher Gesinnung!). Die GEFLÜGELTE SEHERIN bewohnt ein Zwischenreich, in dem Vergangenheit, Gegenwart und Zukunft erst noch entstehen. Sie alle sind jedoch ungewöhnlich, unkonventionell und sehr hilfreich – egal, wie frech sie uns manchmal erscheinen mögen.

⊚⊙

Die Arbeit mit diesem Orakel

⊚⊙⊚⊙ *Was bezweckt dieses Orakel?*

Seit Urzeiten suchen die Menschen die Weisheit der Orakel: Vor langer Zeit pilgerten sie zu heiligen Stätten wie Delphi und fragten die Pythia (die zuständige Priesterin in Trance), was die Zukunft bringen würde. Könige überquerten ganze Kontinente, um das Orakel von Dodona oder Delphi nach dem Ausgang kommender Schlachten zu befragen. Doch die meisten Menschen hielten sich an die Geister des Landes, der See und des Himmels, also an jene Orakel aus den Licht- und Schattenreichen, die sie direkt umgaben. Mit der Zeit ging uns der Weg zu diesen Orakeln verloren, und heute sehen wir uns gezwungen, auf selbsternannte menschliche Experten wie Finanzberater, Anwälte und Ärzte zu vertrauen. Oder wir verlassen uns nur auf uns selbst und hoffen auf das Beste. Vielen von uns brachte man bei, es sei falsch, auf den Rat der Orakel zu hören – stattdessen sei es das einzig Richtige, zu einem bestimmten Gott zu beten, den es irgendwo weit über uns gäbe.

Dabei ist das Konsultieren eines Orakels ebenfalls eine Art Gebet. Und auch wenn dieses Orakel ganz andere Wesenheiten und Energien bietet, beten Sie, wenn Sie es befragen, doch immer noch – denn Sie bitten um Hilfe und Orientierung. Jedes Wesen aus diesem Orakel will Ihnen bei Ihren Problemen und alltäglichen Herausforderungen helfen, auch wenn die Probleme heute längst ganz andere sind als damals.

Unsere Orakelwesen haben schmutzige Gesichter, schäbige Flügel und sind vorwitzig. Mit ihren großen Augen sehen sie Ihnen tief in die Seele und sagen Ihnen … die Wahrheit. Sie raten Ihnen nicht, sich gut zu betragen oder sich anzupassen. Sie fordern Sie niemals auf, Ihr wahres Ich zu verleugnen, um "normaler" zu erscheinen oder weniger aufzufallen. Aber geben Sie Acht! Wenn Sie diese Wesen um Rat fragen, hat das Nebenwirkungen. Zum Beispiel, dass Sie zum ersten Mal den Mund aufmachen. Dass Sie laut lachen. Dass Sie eine Situation so sehen, wie sie ist: nämlich weniger ernst, als alle anderen glauben. Es könnte vorkommen, dass es Ihnen wichtiger wird, was Sie selbst denken, und unwichtiger, was andere sagen. Sie entdecken vielleicht einige zerstreute Fragmente Ihrer Seele, auf denen Sie ein neues, aufregendes und wahrhaftiges Leben aufbauen können, das Ihrem wahren Ich viel mehr entspricht als jenes, in das Sie sich bis jetzt haben drängen lassen.

Wenn Sie dieses Orakel befragen, dann verlangen Sie nach aufrichtiger Wahrheit. Und Ihre Bitte wird Ihnen gewährt werden ...

◎◉◉◎◎ *Befragung des Orakels*

Wenn Sie sich an eines der Wesen wenden, selbst an jene mit Feuer in den Augen und in die Hüften gestemmten Armen, begeben Sie sich an einen heiligen Ort. Dafür sollten Sie Ihr Umfeld anpassen und sich selbst vorbereiten, indem Sie das Telefon abstellen, Fernseher und Musik abdrehen, eine Kerze anzünden und mit geschlossenen Augen dreimal langsam und tief ein- und ausatmen. Entspannen Sie sich körperlich und geistig. Lassen Sie Alltagssorgen und hektische Gedanken los, und schaffen Sie in Ihrem Innern einen reinen, offenen Raum, in dem Sie bereit sind, die Botschaften des Orakels zu empfangen.

Inwiefern Sie sinnvolle Antworten erhalten, hängt ganz davon ab, wie Sie sich dem Orakel nähern.

Sie befinden sich an einem heiligen Ort! Wenn Sie ein Orakel konsultieren, begeben Sie sich, und sei es nur für diesen Moment, auf wahrhaft sakralen Boden. Sich das einfach nur intensiv zu wünschen, kann schon ausreichen. Wenn Sie Zeit haben, unterstützen Sie die Atmosphäre durch Kerzenlicht, begrüßen Sie die vier Elemente vor Ihrer Befragung und bekunden Sie vor ihnen und sich laut die Absicht dieser Befragung. Je klarer Ihr Anliegen ist, desto deutlicher wird die Kommunikation zwischen Ihnen und dem Orakel ausfallen.

Konzentrieren Sie sich im Geiste auf Ihre Frage, und erbitten Sie eine aufrichtige Antwort! Wenn das Orakel zu Ihnen spricht, dann befinden Sie sich für diesen Moment zwischen allen Welten. Es gibt dort nichts Vergangenes oder Zukünftiges – alles ist reine Energie und kann jederzeit Anwendung finden. Erkennen Sie, dass die Fäden Ihres Lebens stets aufgenommen und neu verwoben werden können – mit jedem Tag und jedem Atemzug.

Der wichtigste Sinn der Divination liegt darin, Ihnen zu einer Verbindung mit einer Quelle zu verhelfen, die klare Orientierung verspricht und deren Ursprung außerhalb Ihrer Persönlichkeit liegt – die Sie aber sicher zu Ihrem universalen Ich geleitet. Diese Wesen hier möchten das gern für Sie tun. Sie sagen Ihnen die Wahrheit, lassen Sie an ihrer Weisheit teilhaben und leisten Ihnen freundlich Gesellschaft, wenn es das ist, was Sie brauchen.

Von der ersten bis zur letzten Orakelbotschaft, die mir durch diese wunderbaren, ungewöhnlichen und unberechenbaren Wesen zuteilwurde, habe ich von einzigartigen, hilfreichen und oft sehr überraschenden Ratschlägen profitiert. Sie haben mich gelehrt, zuzuhören und eins zu werden mit der himmlischen Wahrheit in mir und um mich herum.

◎◎◎◎◎ *Wo liegt der Unterschied zwischen Orakel und Tarot?*

Diese Frage wird mir oft gestellt. Der Unterschied, wie ich ihn sehe, ist einfach folgender: Das Orakel gibt Antworten und Einblicke durch den direkten Austausch mit den Wesen, die auf den Karten abgebildet sind, und deren Botschaft. Das Orakel (das in diesem Fall ein Kartendeck ist) spricht mit Ihnen und vermittelt Ihnen eine Botschaft. Wie Sie mit dieser Information umgehen, entscheiden dann Sie selbst.

Ein Tarotdeck ist ebenfalls ein Orakel und ebenfalls ein Kartendeck – auch wenn sich seine Form in einer jahrtausendealten Tradition herausgebildet hat; Tarotkarten sollen, so sagen einige, bereits von den 72 Seiten des ägyptischen Buches Thoth abstammen. Dieses Buch der Gottheit des Wissens und der Kommunikation soll vor Hunderten von Jahren bei der Zerstörung der Bibliothek von Alexandria verbrannt sein. Doch die Orakel der Natur und solcher rätselhaften Geistwesen wie hier haben eine noch längere Geschichte …

Legesysteme

Es ist von entscheidender Bedeutung, dass Sie ein persönliches und enges Verhältnis zu Ihrem Orakel herstellen. Es ist wie ein lebendiges Wesen, das Ihnen umso mehr vertraut, je mehr es von Ihnen weiß. Nehmen Sie es mit sich, spielen und sprechen Sie damit jeden Tag. Dadurch etabliert sich eine kreative Verständnisebene, die Sie fast selbstverständlich klare Botschaften empfangen lässt. Gehen Sie stets respektvoll mit den Karten um; sie sind kleine Kunstwerke und wollen auch als solche behandelt werden. Die heilige Energie, mit der das Orakel aufgeladen wird, stammt letztlich von Ihrer Interaktion. (Ich selbst habe für mein Orakel ein selbst genähtes Täschchen, in dem ich es bei mir trage. Ich lege es nachts unter mein Kopfkissen und habe es generell stets griffbereit.)

Reinigen Sie Ihren Geist von äußeren Einflüssen. Sorgen Sie dafür, dass Ihnen weder zu heiß noch zu kalt ist, dass Sie nicht hungrig sind und Ihnen auch nicht übel ist, wenn Sie die Karten legen. Horchen Sie auf Ihren Herzschlag, Ihre Atmung, Ihr Inneres … und kommen Sie zur Ruhe.

Mischen Sie nun die Karten des Orakels gründlich. Konzentrieren Sie sich bereits dabei intensiv auf Ihre Frage. Wenn Sie das Gefühl haben, lange genug gemischt zu haben, hören Sie auf.

Teilen Sie das Deck mit der linken Hand – mit der rechten, falls Sie Linkshänder(in) sind – in drei Stapel, und setzen Sie diese nach Belieben wieder zusammen.

Jetzt sind Sie zum Legen und Deuten der Karten bereit. Vielleicht möchten Sie mit einigen der unten vorgeschlagenen Legesysteme beginnen … vergessen Sie dabei aber bitte nie, dass es Licht und Schatten in allen Dingen, allen Botschaften und allen Deutungen gibt.

Nehmen Sie sich Zeit für Ihre Deutung. Notieren Sie Ihre Gedanken und Einsichten zu jeder Frage in einem persönlichen Licht- und Schatten-Tagebuch, das Sie nur für dieses Orakel anlegen und führen. Mit der Zeit werden sich bestimmte Muster zeigen, und manches wird Ihnen klarer werden.

▷ Erste Karte von oben nach links legen.

▷ Die zweite Karte von oben in die Mitte legen.

▷ Die dritte Karte von oben nach rechts legen.

▷ Die Karte links steht für die Vergangenheit und damit auch für das, was unter der Oberfläche vorgeht und was früher geschah.

▷ Die mittlere Karte stellt die Gegenwart dar, das Hier und Jetzt, alles, was geschaffen wurde und was sich heute manifestiert.

▷ Die rechte Karte repräsentiert das Ergebnis oder die Folgen in der Zukunft. Diese richten sich danach, was bereits geschehen ist und was gerade geschieht. Nichts ist für alle Ewigkeit in Stein gemeißelt.

Erscheint bei dieser Legung eine Karte, deren Energie nicht erwünscht ist, übernehmen wir am besten selbst die Verantwortung für Veränderungen in der Gegenwart. Wir selbst haben die Macht und die Freiheit, unsere Welt so zu gestalten, dass die Zukunft sich nach unserem Wunsch entwickelt. Niemand wird von einer unpersönlichen, starren "Hand des Schicksals" getrieben. Wir schreiben unser eigenes Buch des Lebens, und das Orakel hilft uns dabei, unsere Macht zurückzugewinnen und uns ein Leben in Authentizität, Kreativität, Ehrlichkeit und Fülle zu schaffen.

▷ Die erste Karte von oben in die Mitte legen. Sie steht für das Ich, das Jetzt und das eigene Zentrum.

▷ Die zweite Karte von oben darüber platzieren. Sie symbolisiert die Luft, die intellektuelle Position, den Verstand. Sie verleiht uns Einblick in unsere Gedanken und Einstellungen bezüglich der Frage. Sie zeigt uns, wo wir uns "irren" oder was wir noch brauchen.

▷ Die nächste Karte rechts neben das Ich legen. Dies ist die Karte des Südens und des Feuers. Es ist die Karte, die unsere Leidenschaft, unsere Absichten und Motivationen bezüglich der Frage anzeigt.

▷ Die nächste Karte unter das Ich legen. Dies ist die Karte des Westens und des Wassers. Sie zeigt unsere emotionale Reaktion und wie die Frage oder Situation sich psychisch manifestiert.

▷ Die nächste Karte links neben das Ich legen. Das ist die Karte des Nordens, die Karte der Erde. Sie gibt Auskunft über unsere äußeren Manifestationen, über unsere Form und Gesundheit – und über alle Transformationen, die bezüglich der Frage in Erscheinung treten.

Wer mehr Informationen über eines der Elemente oder einen der repräsentierten Lebensbereiche wünscht, legt die nächste Karte und deutet sie.
Die traditionellen Attribute der nördlichen Hemisphäre können übrigens ganz nach Bedarf auf die individuelle Umgebung umgestellt werden, in der gearbeitet werden soll.

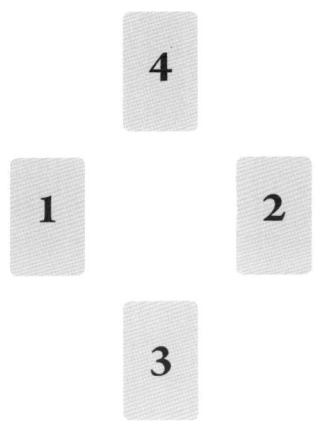

Wer jemandes wahre Absichten erkennen möchte oder herausfinden will, was in einer bestimmten Situation tatsächlich vor sich geht, dem sei dieses Legesystem ans Herz gelegt. Oft hegen wir Gefühle für andere, wie Freunde, Klassenkameraden, Lehrer, Menschen, für die wir schwärmen, Ex-Freundinnen oder Familienmitglieder, die wir nicht mit Fakten "verifizieren" können. Wir mögen oder verabscheuen neue Bekanntschaften auf den ersten Blick, ohne dass wir einen Grund dafür finden. Wir sehen uns von etwas dazu getrieben, eine Stelle anzunehmen oder einen Ort aufzusuchen, ohne dass wir den Ursprung dieses Drängens in uns kennen.

Hier kommen die Geschöpfe dieses Orakels wunderbar hilfreich ins Spiel. Sie können uns Einblick in die Mysterien unserer Reaktionen, Gefühle und Intuition vermitteln. Viele von uns verdrängen diese Intuition zu lange, ignorieren Emotionen und glauben noch immer, das sei genau das Richtige.

Dieses Legesystem lässt uns den Unterschied zwischen dem, was offen vor uns liegt, und dem, was verborgen bleibt, erkennen. Wenn wir beispielsweise mehr über eine Person wissen möchten, weil sich gerade eine Gelegenheit ergibt, die uns enger mit ihr zusammenbrächte, wir aber unsicher sind, ob wir sie ergreifen sollen, kann uns die Deutung dieses Systems weiterbringen.

▷ Die Karten werden gut gemischt, dabei sollte das Bild dieser Person oder zumindest ihr Name dem Fragenden klar vor Augen stehen. Dann wird das Deck in drei Stapel geteilt und neu zusammengelegt.

▷ Frage: *Was bleibt mir zu dieser Zeit verborgen?* Die erste Karte abheben und nach links legen.

▷ Frage: *Was wird mir gezeigt?* Die zweite Karte abheben und nach rechts legen.

▷ Frage: *Warum fühle ich mich von ihr/ihm/diesem Sachverhalt angezogen?* Die dritte Karte abheben und darunter legen.

▷ Letzte Frage: *Was soll ich nun tun?* Die vierte Karte abheben und nach oben legen. Die Karten liegen nun in Karoform aus.

Schlagen Sie die Deutungen hier im Buch nach, und stellen Sie sich aus den Botschaften eine zusammenhängende Geschichte zusammen. Auch wenn die Antworten auf den ersten Blick nicht zu "passen" scheinen, haben sie Ihnen doch etwas zu sagen. Notieren oder illustrieren Sie die Antworten in Ihrem persönlichen Licht- und Schatten-Tagebuch. Lassen Sie die Bilder auf sich wirken, und notieren Sie auch diese Wirkung. Nutzen Sie die subtil fließenden Energien, um Ihrer Deutung mehr Tiefe zu verleihen. Lassen Sie die Karten Ihr Tor zu einem Zustand sein, in dem Sie die Wesen der anderen Welt hören, spüren und sogar sehen. Zuvor die Deutung der Karten hier im Buch zu studieren, versetzt Sie in den passenden energetischen Zustand dafür und bereitet Sie ideal auf die kommenden Eindrücke vor.

⊚⊙⊚⊙⊚ *Der Stern der Liebe*

So wie Ihr Herzschlag sich schlagartig beschleunigt hat, muss die Person, der Sie gerade begegnet sind, die oder der Richtige sein. Vielleicht sitzt er hinten im Klassenraum oder Büro oder sie trainiert im selben Fitnessstudio oder ein Freund hat sie einander vorgestellt … Wenn wir jemandem begegnen, auf den wir heftig reagieren, fragen wir uns automatisch, ob wir ihn oder sie wohl noch besser kennenlernen werden. Manchmal werden wir auch "nur" von einer großen Sehnsucht erfasst, einer Sehnsucht danach, Liebe zu fühlen und zu schenken, zu wissen, dass jemandes Herz auch bei unserem Anblick schneller schlägt.

Ob es nun um jemand Bestimmten geht oder nur um die Frage, ob die romantische Liebe wohl je in unser Leben treten wird: Dieses Legesystem ist ideal für Beziehungsfragen. Es beleuchtet die eigenen Bedürfnisse, Sehnsüchte und Träume und bewahrt Fragende davor, sich nur um des Verliebtseins willen zu verlieben.

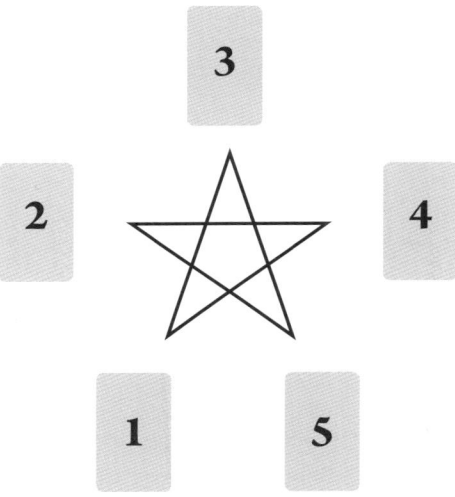

Der Raum sollte geistig gereinigt und die Energie gebündelt sein. Die Karten werden gemischt, die entsprechende Beziehungsfrage wird dabei konzentriert im Sinn behalten. Das Deck wird mit der linken (bei Linkshändern rechten) Hand in fünf Stapel geteilt, die so belassen werden. Es ist hilfreich, die äußere Form des fünfzackigen Sterns als Grundlage für das System fest im Sinn zu behalten oder sie auf ein Blatt Papier aufzuzeichnen.

⊳ Die oberste Karte vom ersten Stapel abheben und ganz unten links im Stern ablegen.

⊳ Die oberste Karte vom zweiten Stapel noch weiter links darüber legen.

⊳ Die oberste Karte vom dritten Stapel ganz oben in die Mitte legen; sie bildet die oberste Zacke des Sterns.

⊳ Die oberste Karte vom vierten Stapel für die rechte obere Zacke ganz rechts mittig ablegen.

⊳ Zum Schluss die oberste Karte vom letzten Stapel ganz unten rechts ablegen.

> Die erste Karte steht für das, was man von einer Beziehung erwartet.

> Die zweite Karte stellt das in den Vordergrund, was man selbst tun sollte, um es zu erreichen.

> Die dritte Karte repräsentiert die zurzeit bestmögliche Beziehung für den Fragenden.

> Die vierte Karte zeigt auf, was man nicht opfern darf, um eine Beziehung zu erreichen.

> Die fünfte Karte beschreibt die ideale Person, mit der der Fragende eine Beziehung eingehen kann.

Nehmen Sie sich die Zeit, Ihre Reaktionen ausführlich in Ihrem Licht- und Schatten-Tagebuch festzuhalten. Denken Sie gründlich darüber nach, und lassen Sie Ihren Gedanken bei der Deutung dieses Legesystems freien Lauf. Formulieren Sie noch einmal ganz konkret, was Sie wirklich von einer Beziehung erwarten, und fragen Sie sich eindringlich, ob Sie einer Person, mit der Sie dieses Ziel erreichen können, gerade näherkommen. Bringen Sie den Mut auf, jemanden erst als Freund kennenzulernen und seine individuellen Vorlieben, Abneigungen, Ansichten zu Menschen und Tieren zu ergründen. Dieser Prozess braucht seine Zeit. Die Menschen tragen oft ganze Schichten an "Masken" zum Schutz – Sie vielleicht auch. Nehmen Sie sich Zeit, sich gegenseitig zu erforschen und sich aneinander zu freuen, bis Sie die Gewissheit haben, dass Sie die echte Persönlichkeit dessen kennen, zu dem Sie sich hingezogen fühlen – und nicht nur eine Fantasievorstellung von ihm haben. Wenn Sie verstehen, was für Sie selbst wirklich von Bedeutung ist, haben Sie auch eine klarere Vorstellung, mit wem Sie dafür zusammen sein wollen. Noch wichtiger vielleicht: Sie sollten ganz klar wissen, zu wem Sie sich mit diesem Menschen zusammen entwickeln wollen.

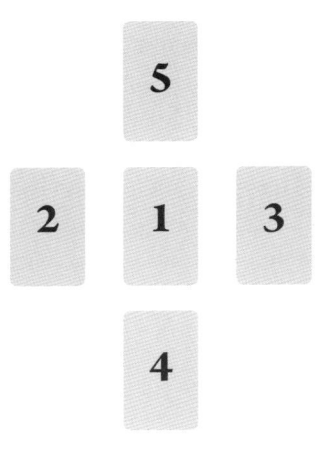

Bei Schwierigkeiten mit anderen Menschen, Eltern, Mitschülern, Kollegen, Freunden oder Familienmitgliedern ist dieses einfache Fünf-Karten-System zu empfehlen. Mit seiner Hilfe lässt sich klären, warum bestimmte Schwierigkeiten auftreten und welche Taktik oder Maßnahmen sinnvoll Abhilfe schaffen können. Es betrachtet die Wurzel des Problems und öffnet die Augen des Fragenden dafür, was eventuell in oder an ihm selbst dazu beiträgt und warum er selbst diese speziellen Schwierigkeiten anzieht.

Reinigen Sie den Raum, sammeln Sie Ihre Energie und atmen Sie dreimal tief ein und aus. Mischen Sie die Karten, während Sie sich auf Ihre Frage konzentrieren. Hören Sie auf zu mischen, wenn es sich intuitiv richtig anfühlt. Teilen Sie das Deck in fünf Stapel.

▷ Die oberste Karte vom ersten Stapel abheben und in die Mitte legen.

▷ Die oberste Karte vom zweiten Stapel links danebenlegen.

▷ Die oberste Karte vom dritten Stapel ganz rechts ablegen.

▷ Die oberste Karte vom vierten Stapel unter die erste Karte legen.

▷ Zum Schluss die oberste Karte vom letzten Stapel abheben und ganz oben über die erste Karte legen.

Die erste Karte verleiht dem Problem gewissermaßen ein Bild und eine Stimme, sodass Sie sein Wesen besser verstehen können.

Die zweite Karte schildert die Gründe Ihrer gegenwärtigen Erfahrung. Warum widerfährt Ihnen das? Das Orakel gibt darauf eine direkte Antwort.

Die dritte Karte führt Ihnen vor Augen, was vermutlich geschehen wird, wenn Sie mit allem so weitermachen wie bisher und weiterhin darauf bestehen, dass nicht Sie, sondern die anderen sich ändern müssen.

Die vierte Karte illustriert den Wandel, der in Ihrem Inneren stattfinden muss. Dieses Wesen hilft Ihnen dabei, etwas in sich selbst zu entdecken, an dem Sie arbeiten und wodurch Sie sich dauerhaft von Ihrem Problem befreien können.

Die fünfte Karte schließlich ist die Karte der Aktion, des praktischen Handelns, durch das Sie eine Veränderung herbeiführen können. So können die Schwierigkeiten ein ganz neues Gesicht bekommen, und Sie können sogar selbst die Lösung erschaffen. Sie werden sehen: Mit der Unterstützung der Wesen des Orakels gelingt es Ihnen!

◉◉◉◉◉ Der Kartensprung

Hin und wieder möchte ein Wesen besonders dringend seine Botschaft an uns loswerden – das kann sich im magischsten aller "Legesysteme" offenbaren: einem Kartensprung. Beim Mischen springt nämlich manchmal eine der Karten wie von selbst aus der Reihe und fliegt auf den Tisch oder zu Boden. So erzwingt sie unsere Aufmerksamkeit. Andere drehen sich noch beim Auslegen um; auch dann ist besondere Achtsamkeit geboten!

Glauben Sie nur nicht, Sie müssten sich ausschließlich an die hier beschriebenen Legesysteme halten! Es gibt unendlich viele Möglichkeiten, Orakelkarten zu legen und mit ihnen zu kommunizieren. Vielleicht möchten Sie andere Legesysteme verwenden, die Ihnen bereits bekannt sind, oder sogar ein wenig experimentieren und Ihre eigenen Systeme entwickeln. Sie können mit mehreren Orakel-Sets gleichzeitig arbeiten und überhaupt Ihrer Fantasie völlig freien Lauf lassen. Sie sollten allerdings jedes der vorgestellten Legesysteme mindestens einmal ausprobieren, damit Sie Ihre Karten gut kennenlernen und sich in eine intensive Verbindung mit ihnen begeben können.

Die Deutung des Orakels

◎◎◎◎◎ *Das Orakel für andere deuten*

Auch mit anderen gemeinsam können wir die Karten betrachten – etwa, um verwirrten Freunden einen etwas besseren Einblick in bestimmte Situationen zu gewähren.

Dafür ist es entscheidend, dass das volle Einverständnis der betreffenden Freunde vorliegt und dass sie selbst anwesend sind, damit ihre Energie in die Sitzung einfließen kann. Die Orakelwesen arbeiten mit allen, die ihnen vorgestellt werden. Doch bleiben sie hauptsächlich mit ihrem Besitzer verbunden, und seine Energie wird stets die Hauptverbindung mit ihnen eingehen. Es kommt auch vor, dass beim Befragen der Karten ungewollt Botschaften für andere beim Fragenden ankommen. Dann ist es wichtig, dass solche Nachrichten einfühlsam und respektvoll übermittelt werden und dass nicht ungefragt in die Privatsphäre der anderen eingegriffen wird.

◎◎◎◎◎ *Die Häufigkeit der Befragung*

Sie können das Orakel jeden Tag zurate ziehen. Damit lässt sich der Tag wunderbar beginnen, und die Konsultation könnte auch gut Teil Ihrer täglichen Meditation werden. Dafür müssen Sie die Karten nur mischen und eine beliebige Karte ziehen. Diese Karte steht für die Energie dieses Tages und zeigt Ihnen eine an diesem Tag besonders hilfreiche Orientierung auf. Nehmen Sie die Karte mit, oder stellen Sie sie zu Hause auf einen kleinen Altar. Das Wesen auf dieser Karte wird sie als Verbündeter durch den Tag begleiten und Ihnen zur Seite stehen.

Es ist mein Herzenswunsch, dass Ihnen dieses Orakel zu aufrichtiger Heilung und Stärkung verhilft. Ich kenne diese kleinen Geschöpfe und vertraue ihnen, denn sie haben mir ihre Weisheit, ihren Mut und ihren warnenden Beistand oft genug bewiesen. Mit ihrem reizenden und oft auch despektierlichen Betragen sowie ihrem Bekenntnis zur Freiheit haben sie mich oft ermutigt. Ich weiß, Sie sind in guten Händen.

Die Bedeutungen der Karten

Karte 1

Geist aus dem Kürbisfeld

Botschaft: Sei dankbar für das, was du hast

⊙⊙

Zum GEIST AUS DEM KÜRBISFELD

Dieses verlorene kleine Geschöpf erscheint so hauchzart, so lautlos und ruhig, dass wir es beinahe übersehen oder für einen vorüberziehenden Nebelstreif halten könnten. Und doch steht der kleine Geist still vor uns und erinnert uns an etwas Bedeutsames: dass bald die Zeit der Ernte anbricht und dass die Geister vergangener und versäumter Erntezeiten zurückkommen und uns verfolgen werden, wenn wir uns nicht die Zeit nehmen, alles um uns herum angemessen zu würdigen. Die Kleine ist nicht unsichtbar; sie ist eine ewige Erinnerung an den Wechsel der Jahreszeiten, an das Einbringen der Ernte und daran, dass uns nicht alle Wesen, die noch für ein Weilchen hier auf der Erde bleiben, jagen wollen. Einige wollen uns durch die Erinnerung helfen. Diese Erscheinung liebt ihre neblige Heimat und erscheint uns gerne dann, wenn wir zu vergessen drohen, mit was für Freuden und Rechten und mit wie viel Glück wir eigentlich gesegnet sind.

Der GEIST AUS DEM KÜRBISFELD spricht

"Ein großer Segen wird hier nicht beachtet. Er steht verhüllt und scheint dir daher fast unsichtbar. Dennoch ist er da. Stell dich in dein Lebensfeld, und sieh dich gut um. Würdige all das, das dir gegeben wurde, und sei dankbar dafür. Du läufst Gefahr zu vergessen, wie viel du hast und wie viel du immer wieder bekommen wirst. Meine Zeit ist die Erntezeit; und jetzt ist es an dir, die Ernte einzubringen und dich an dem zu erfreuen, was du im Überfluss besitzt."

Botschaft an Ratsuchende

Etwas Wertvolles umgibt Sie, aber es ist Ihnen so vertraut geworden, dass Sie es kaum noch erkennen. Es ist ein solch fester Bestandteil Ihres Lebens, dass seine Selbstverständlichkeit Sie blind für seinen Wert gemacht hat. Das kleine Geistermädchen im Kürbisfeld fordert Sie sanft auf, die Fülle um sich herum zu erkennen und sich an all dem zu erfreuen, was Sie in Ihrer körperlichen Erscheinung noch genießen können. Sie möchte, dass Sie ernten, was Ihnen gehört, dass Sie gegebenenfalls auch alte Schulden einfordern (möglicherweise finanzieller Art) und den Überfluss mit anderen teilen. Lassen Sie sich nicht betrügen. Seien Sie sich aber gewiss, dass Sie in Wahrheit nichts auf Dauer besitzen, sondern alles in Ihren Händen vergehen wird. Dennoch sind die Dinge, die Sie durch harte Arbeit errungen haben, es wert, beschützt zu werden. Sie sind nicht klein und gewöhnlich, sondern machen Sie reich. Erkennen Sie das – und seien Sie dankbar dafür.

Karte 2

Fee der göttlichen Hand

Botschaft: Vergiftung · verzerrter Blick
Maßlosigkeit

◎◎◎

Zur FEE DER GÖTTLICHEN HAND

Wenn die FEE DER GÖTTLICHEN HAND in einer Sitzung auftaucht, dann will sie im Allgemeinen darauf hinweisen, dass Freunde, Familie oder auch wir selbst die enorme Macht erkennen und durchschauen sollten, mit der uns Suchtmittel oder Suchtverhalten in der Hand haben. Wir alle kennen das … Es beginnt mit einem Schokoriegel, einer Dose Limonade, einem Burger vielleicht, doch dann wollen wir mehr. Immer mehr davon. Das kann ebenso eine Gewohnheit betreffen. Etwa die, sich selbst oder andere zu streng zu beurteilen, zu negativ zu denken oder auf dem Weg zu einem Ziel zu früh aufzugeben. Auch Klatsch und Tratsch stehen unter der Ägide der FEE DER GÖTTLICHEN HAND, denn zu viel davon kann nur schädlich sein. Die wahre Gabe dieser Fee ist die Bewusstmachung dessen, was wir nicht wahrhaben wollen. Die FEE DER GÖTTLICHEN HAND sollte nie geringgeschätzt werden. Wir sollten ihr für den Hinweis auf unser Suchtverhalten danken, uns dessen Macht über uns eingestehen und uns einem klareren, helleren, erfüllten und zielgerichteten Leben zuwenden.

Die FEE DER GÖTTLICHEN HAND spricht

"Ich bin hier, um dir zu enthüllen, was dich in Versuchung führt. Du denkst, dass das, was sich dir darbietet, eine begehrenswerte Sache ist, und ein wenig davon wird schon nicht schaden?! Ich bin die FEE DER GÖTTLICHEN HAND, und ich erscheine dir, wenn du blind für das bist, was du erkennen solltest. Untersuche einmal genauer, was dir da angeboten wird. Unter dem scheinbar harmlosen Spaß, dem Geldausgeben, Feiern, der Ablenkung und Versuchung liegen Ziellosigkeit und Furcht. Schau genau hin! Siehst du, was geschehen wird, wenn du diesen Weg fortsetzt? Wenn du das mögliche Ende herunterspielst? Verdränge deine eigenen Warnsignale und Gefühle nicht, sondern hör auf sie! Erkenne die Wahrheit: Etwas, das dir so unwesentlich erscheint, kann tatsächlich dein Leben verändern. Hör gut auf deine innere Weisheit. Und dann entscheide aus freiem Willen, ob du der Versuchung nachgibst oder ob du stattdessen eine wahrhaft weise Entscheidung triffst."

Botschaft an Ratsuchende

Stopp! Hören Sie auf der Stelle damit auf. Ihre Intuition und Ihr klarer innerer Blick senden Ihnen eine deutliche Botschaft. Eine rote Flagge signalisiert Ihnen, dass Sie innehalten und ihre Warnung erkennen sollten. Ihr höheres, wahres Ich mit dem klaren Blick für das Wesentliche trägt Ihnen auf, gut nachzudenken, bevor Sie dieser köstlichen Versuchung nachgeben, die jemand Ihnen anbietet – ob es sich nun um ein heimliches Verhältnis, Junk-Food, Alkohol, Sex ohne echte Bereitschaft, verletzendes Gerede oder respektloses, gefährliches Verhalten handelt. Die Nachgiebigkeit dieses einen Augenblicks kann langfristige Folgen nach sich ziehen, die Sie von Ihrem eigenen Wohlergehen, Ihrer inneren Klarheit und Harmonie immer weiter entfernen können. Wenn diese Versuchung kommt, sollten Sie wissen, dass Sie nicht fliehen, ihr aber auch nicht nachgeben müssen. Diese reizende und sehr ernsthafte kleine Fee mit ihrer klaren Botschaft innezuhalten darf nicht gescholten und auch nicht beschimpft werden. Sie sollten wissen, dass Sie einfach eine Pause einlegen und in Ruhe ganz genau hinsehen müssen. Dann sollten Sie erkennen, dass Ihre gefährlichste Sucht Sie heimsucht und Sie ins willenlose Delirium hinabziehen will. Dies ist Ihre Chance, sich ein für alle Mal von ihr zu befreien.

Karte 3

Leuchtfeuer-Fee

Botschaft: Orientierung – aber wohin?

Zur LEUCHTFEUER-FEE

Wenn uns ein Weg klar und deutlich in eine bestimmte Richtung zu führen scheint, ist es manchmal hilfreich zu wissen, wer das Signalfeuer hochhält. Diese hübsche Meeresfee leuchtet ohne Zweifel einem verirrten Schiff den Weg, doch wer weiß schon wohin – ob in einen sicheren Hafen oder doch gegen Felsklippen? Diese Entscheidung aber müssen wir hier treffen. Ist der am hellsten beleuchtete Pfad auch der richtige? Bietet die Quelle dieses Lichts auch eine wahrhaftige, gute Orientierung? Wäre es nicht klüger, auf eine andere Möglichkeit zu warten, um dem Gewitter zu entgehen, anstatt der erstbesten Lichtquelle zu folgen?

Die LEUCHTFEUER-FEE spricht

"Ich halte das Signalfeuer hoch. Aber nur du allein kannst entscheiden, ob die Richtung, in die ich dir leuchte, für dich zu dieser Zeit auch die richtige ist. Vielleicht führe ich dich zur Erlösung – vielleicht bin ich aber auch darauf aus, deine Seele zu gewinnen, sobald du im kalten Meer ertrunken bist. Ich weiß, dass das hart klingt, aber sei dir bewusst, dass nicht jeder Rat und alle Führung, die du erhältst, automatisch auch einem guten Licht entspringen müssen. Vielleicht ist dieser Ratschlag gerade der, den du zu dieser Zeit nicht brauchen kannst. Das ist sicherlich verwirrend. Aber eine wichtige Wahrheit bleibt: Wir müssen unseren eigenen Ausweg zur rechten Zeit selbst finden."

Botschaft an Ratsuchende

Für ein Problem präsentiert sich eine perfekt erscheinende Lösung. Aber ist es wirklich klug, sie anzunehmen? Sie haben vielleicht viel mehr Alternativen und Ressourcen zur Verfügung, als Ihnen bewusst sind oder als Sie sich eingestehen mögen. Nehmen Sie nicht übereilt den erstbesten Weg, der sich Ihnen bietet. Warten Sie ab, und überprüfen Sie alle anderen Möglichkeiten gründlich. Nicht jeder Ratschlag ist der passende für Sie!

Karte 4

Schnee-Engel

Botschaft: Die Zeichen sind unter uns

Zum SCHNEE-ENGEL

Dieser Engel ist eines der vielen Wesen, die der Menschheit an den starrsten und leblosesten Orten Zeichen setzen sollen. Unser Engel hinterlässt Zeichen für jene, die sie nicht sehen wollen, und formt sie immer wieder neu, bis eines Tages die, die seine Hilfe verleugnen, endlich die Augen öffnen! Erst in diesem Moment geht der Engel zu seiner nächsten Aufgabe über. Dadurch, dass wir seinen Schutz anerkennen, können wir ihn also befreien, sodass auch andere von seinem Segen profitieren können. Spuren seiner Gegenwart kann man immer entdecken. Selbst im harschen Schnee des dunklen Winters oder im gleißenden Wüstensand sind sie da. Es ist nur unsere Blindheit und störrische Weigerung, die uns vom Erkennen abhalten.

Der SCHNEE-ENGEL spricht

"Tss-tss … also wirklich! Wenn du *dieses* Zeichen nicht erkennst, dann weiß ich nicht, womit ich dich noch überzeugen soll. Vielleicht stehe ich hier einfach noch ein Weilchen herum und schlage mit den Flügeln, während ich mit meinem Zaunpfahl winke … Vielleicht glaubst du dann endlich an Zeichen. Ich hinterlasse überall meine Spuren, klar und deutlich zu sehen, sogar hier im Schnee, aber immer wieder fragst du: *Wo ist mein Engel?* Dabei stehe ich doch hier. Ich werde weiterhin meine Spuren in den Schnee zeichnen und mit sanfter Stimme nachts zu dir sprechen, und ich werde dich ebenso sanft dann und wann von hinten darauf stoßen. Hör nur bitte auf, um ein Zeichen zu bitten! Du hast schon so viele übersehen und wirst es weiter tun

– bis du endlich bereit bist zu glauben, dass wir und unsere Zeichen längst unter euch sind."

Botschaft an Ratsuchende

Sie haben bereits ganz unmissverständliche Zeichen erhalten, immer wieder und genau die, auf die Sie gewartet haben. Der SCHNEE-ENGEL erwidert Ihre Bitten jedes Mal, aber Sie verweigern sich seiner Botschaft – und nicht etwa andersherum. Nur Ihre eigene Furcht und Vorliebe fürs Zögern halten Sie noch immer zurück. Es ist Zeit, endlich zu sehen, was Ihnen so oft gezeigt wurde, und ohne zu zögern entsprechende Maßnahmen zu ergreifen. Der SCHNEE-ENGEL hat Ihnen klar bewiesen, dass Sie unter seinem Schutz stehen; nun müssen Sie selbst für sich aktiv werden. Und ja, das können Sie! Öffnen Sie sich der Führung durch die Engel.

Karte 5

Süßes oder Saures

Botschaft: Wir sind hiiieer!

⊚⊙⊚

Zu den HALLOWEEN-WESEN

Klopf, klopf. Sie sind hiiieer … An der Haustür oder am Fenster erscheinen, ganz in Schwarz, vier Gruselwesen (wenn man den kleinen Halloweenkürbis mitzählt). Sie sehen wahrhaft gruselig aus, aber wir sollten uns die Zeit nehmen zu ergründen, was wirklich in ihrem Kessel blubbert. Das könnte etwas ganz Wundervolles sein, und doch braucht es Mut, um herauszufinden, was es in Wirklichkeit ist. Wenn wir aber diesen Mut aufbringen, erkennen wir, dass wir vom äußeren Antlitz des Todes nicht zurückschrecken müssen. Er ist nur hier, um uns bei unserem inneren Wandel zu helfen. Die erleuchteten Kürbisse können etwas erhellen, vor dem wir bislang zurückgeschreckt sind. Und die kleine Hexe mit ihrem knochigen Gehilfen ist bereit, uns bei der Erkundung unserer düsteren Tiefen zu begleiten. Keine Angst!

Die HALLOWEEN-WESEN sprechen

"Manchen mögen wir recht finster erscheinen, aber in Wirklichkeit sind wir friedliebende magische Wesen, die einen guten Spaß zu schätzen wissen. Urteile nicht nach der äußeren Erscheinung, sondern versuche zu verstehen, was darunter liegt. Finde heraus, was wir wollen, und ergründe, ob dieses Anliegen einen Haken hat. Wir möchten, dass du dich im Erkennen deiner Intuition und deiner Hellfühligkeit übst: der Fähigkeit, von innen heraus zu wissen, anstatt von außen her zu schlussfolgern. Danach würden wir dich gern zum Austausch unserer Erfahrungen treffen, damit wir auch mehr von deiner Geschichte hören können."

Botschaft an Ratsuchende

Es ist an Ihnen zu entscheiden, ob Sie sich die Zeit nehmen möchten zu ergründen, worum es tatsächlich geht, was hinter der Fassade liegt, oder ob Sie sich mit der äußeren Erscheinung der Dinge zufriedengeben. Die Karte SÜSSES ODER SAURES hilft Ihnen, alte Gedankenmuster und Konditionierungen zu durchschauen und zu überdenken. Dabei erschließt sich Ihnen vielleicht eine Welt der Wunder, wie Sie sie nie für möglich gehalten hätten. Nur Mut!

Karte 6

Herbst als letzte Chance

Botschaft: Nicht die Hoffnung verlieren!

⊚⊙⊚

Zum HERBST

Das einsame und verlorene kleine Geschöpf hält den Apfel des Lebens und der Erkenntnis. Noch hat sie Hoffnung, auch wenn diese bereits schwindet. Bis obenhin zugeknöpft wappnet sich diese reizende Fee gegen die Kälte, und die graue Herbstlandschaft bietet ihr weder Trost noch Wärme. Aber in der Hand hält sie die Quelle des Lebens und der Hoffnung: einen roten Apfel. Mit diesem Apfel kann sie sich versorgen, bis die frostige Landschaft wieder zu tauen beginnt. Sie kann die Apfelkerne aufbewahren und sie im Frühjahr aussäen, sodass immer neue Nahrung heranwächst. Und die Früchte dieser umsichtigen Vorsorge werden sich noch weit über ihre Lebensspanne hinaus in der Zukunft bemerkbar machen.

Sie hält die Quelle der Hoffnung in der Hand, ist aber beinahe zu schüchtern, um hineinzubeißen. Sie scheint sich den Apfel noch für schwerere Tage aufbewahren zu wollen. Bald wird ihr klar werden, was sie daran hat, und sie wird sich von ihm nähren und trösten lassen. Dann erst wird der Winter vorbei sein – er kann nicht enden, bevor sie nicht den ersten Bissen genossen hat.

Der HERBST spricht

"Ich warte auf Hilfe und neue Hoffnung von außen, aber um mich herum herrscht nur die Kälte. Ich kann nicht finden, wonach ich suche, und ich kann mich auch kaum daran erinnern, was das war, bevor ich mich so verirrt habe. Mir ist kalt, und ich bin einsam und allein. Und dennoch: Ich habe diesen Apfel, und sobald ich ihn wirklich brauche, werde ich ihn essen und alles wird gut sein."

Botschaft an Ratsuchende

Die Zeit ist gekommen, sich nicht länger auf andere zu verlassen, wenn es um die Wärme und Nahrung geht, die nur eine aufrichtige Liebe zu sich selbst einem Menschen geben kann. Wenn Sie weiter darauf warten, dass Ihnen andere geben, was Sie brauchen, dann liegt eine lange, einsame und eiskalte Zeit vor Ihnen. Sehen Sie lieber genau hin, was Sie bereits in der Hand haben, und laben Sie sich daran. Lernen Sie den Apfel in Ihrer Hand zu schätzen, und bewahren Sie seine Saat der Eigenliebe auf, um sie einzupflanzen und weiter zu pflegen. Dieser magische Apfel verleiht Ihnen die Gabe der Erkenntnis und der Liebe zu sich selbst, daraus erwachsen die zukünftige Fülle und das Wissen, dass Sie der Mensch sind, der Ihre eigene Fürsorge und Liebe verdient. Sobald Sie herzhaft in den Apfel beißen und sich der Hilfe zur Selbsthilfe übergeben, können Sie sich auch von der Bestätigung und dem Schutz anderer freimachen. Darin liegt die einzige Rettung für Sie wie für uns alle: Essen Sie Ihren Apfel!

Karte 7

Poe

*Botschaft: Zeit für Veränderung und für Neues
Technik weise nutzen*

Zu POE

Diese hübsche Kleine, die nach dem berühmten Schriftsteller der poetischen Düsternis Edgar Allan Poe benannt ist, arbeitet mit der Konstante der Veränderung. Sie beobachtet die Fortschritte der Technik und beachtet das Gute und das Schlechte daran, das Licht und den Schatten. Auch wir müssen entscheiden, welchen Veränderungen wir uns anschließen möchten, welche Energie wir dafür aufbringen und welche neuen Technologien wir einsetzen wollen. Wir werden erkennen, wann die Zeit für einen Schritt nach vorn gekommen ist, und uns dann von neuer Technik helfen lassen, damit wir in Verbindung zu allem bleiben. Mit ihrer Hilfe können wir andere wissen lassen, was wir der Welt zu geben haben.

POE spricht

"Tick-tack, tick-tack. Die Zeiten ändern sich, und ich weiß, auch du wirst dich in ihnen ändern – und dennoch dir selbst treu bleiben. Du wirst gleichzeitig aus der uralten Vergangenheit schöpfen und aus der neuen Welt, die so rasch naht, wie eine Dampflok einmal auf mich zugestampft ist und mich in Schrecken und Erstaunen versetzt hat. Plane sorgfältig vor und wisse, dass du von neuen Technologien nur furchtlos, anmutig und voll Anstand Gebrauch machen sollst. Alles, was sich ändert, kann auf förderliche, sinnvolle und geheiligte Art und Weise von Nutzen sein. Die destruktiven Gefahren der Industrialisierung verstehst du nur allzu gut. Doch ebenso weißt du, dass einige der Veränderungen, die du wählst, dem Guten dienen. Es ist an der

Zeit, bewusst jene Technik zu erlernen, mit deren Hilfe du deine Träume verwirklichen kannst."

Botschaft an Ratsuchende

Wir sind auf dem Weg vom industriellen ins postindustrielle Zeitalter, in welchem uns das Wesen der Zeit, die Art und Weise, auf die wir mit der Natur interagieren, und die Technologie, mit der wir uns im Leben eingerichtet haben, hochgradig formen. Denken Sie also jetzt darüber nach, wie Ihre Beziehung zur Technik aussieht. Gibt es einen geheiligten Zweck, zu welchem Sie Ihre neuen Werkzeuge einsetzen? Fühlen Sie sich von der Fülle neuer Technologien überrannt? Dann wählen Sie nur einen Bereich aus, in dem Sie dazulernen möchten.

Vielleicht möchten Sie disziplinierter über die Zeit verfügen, die Sie online verbringen, oder Sie erkennen Ihr Talent dafür, die Technik für eine bessere Verständigung der Menschen zu formen, sodass sich die Gesellschaft weiterentwickeln kann. Vielleicht sind Sie bald begeistert mit dem Programmieren oder Gestalten von Websites beschäftigt, mit digitaler Kunst oder mit der Produktion eigener Kurzfilme fürs Web. Vielleicht möchten Sie über Online-Netzwerke Ihre Talente einem größeren Publikum zugänglich machen. Oder Sie sind sich umgekehrt sehr bewusst, wie sehr manche das Internet zum Schaden anderer einsetzen – beleidigend und betrügerisch –, und Sie entscheiden sich, gegen diesen Missbrauch vorzugehen. Vielleicht entwickeln Sie noch ganz brillante Ideen für eine bislang unbekannte Technologie der Zukunft. Was es auch immer ist – jetzt ist der richtige Zeitpunkt gekommen, sich die fortschreitende Technik zunutze zu machen!

Karte 8

Mürrische rote Fee

Botschaft: Sei du selbst!

Zur MÜRRISCHEN ROTEN FEE

Die MÜRRISCHE ROTE FEE hat es satt, von anderen, die ihre Nase ungebeten in fremde Angelegenheiten stecken, dafür getadelt zu werden, dass sie nicht "glücklich" genug aussieht, oder sich sagen zu lassen, sie müsse sich anders verhalten oder kleiden. Sie sieht so missmutig drein, weil es anstrengend ist, auf der Straße oder in der Schule oder von Bekannten ständig beurteilt zu werden! Es stimmt, dass sie ein launischer kleiner Punk ist und nie lächelt, wenn ihr nicht hundertprozentig danach zumute ist, und oft ist sie auch recht still. Doch sie ist niemals grausam oder zerstörerisch – sie weiß einfach, dass es richtig ist, sich authentisch zu verhalten und nicht in die Falle des falschen Lächelns zu tappen.

Die MÜRRISCHE ROTE FEE spricht

"Ich möchte ich sein und frei sein, ohne mir ständig Ermahnungen anhören zu müssen. Ich bin gern anders als die anderen. Ich muss mich nicht ändern, um dazuzugehören. Ich muss nur mir selbst treu bleiben. Alle, die glauben, ich müsste öfter lächeln oder hübsche Kleidchen tragen oder meine Haare anders frisieren, sollten einfach mal darüber wegkommen. Tattoos, Piercings, schwarze Kleidung, all das macht manchen Menschen Angst, aber die Wahrheit ist, dass hinter der furchteinflößendsten Fassade oft die freundlichsten und liebsten Menschen der Welt stecken. Auch du darfst so sein, wie du bist: feurig, spielerisch, trotzig, sogar rebellisch. Konformisten braucht die Welt nicht. Sei wild. Sei du selbst."

Botschaft an Ratsuchende

Für viel zu viele Menschen geht es immer nur darum, so zu sein wie die anderen. Sich anzupassen und die Regeln einzuhalten. Und weil sie sich so viele Einschränkungen auferlegen, werden sie sehr ungehalten, wenn andere wie die MÜRRISCHE ROTE FEE sich die Freiheit nehmen, sich auf individuelle, dynamische und kreative Weise auszuleben. Wenn die MÜRRISCHE ROTE FEE zu Besuch kommt, dürfen und sollen Sie nur noch sich selbst verpflichtet sein, selbst wenn dieses Selbst sich von Tag zu Tag noch verändert. Experimentieren Sie mit Frisuren, Kosmetik und Kleidungsstilen. Lernen Sie Schlagzeug, oder gründen Sie eine Band. Tun Sie einfach nichts, was Sie gar nicht wirklich wollen. Seien Sie nicht künstlich freundlich, wenn Sie sich gar nicht so fühlen. Damit nützen Sie weder sich noch anderen. Seien Sie authentisch. Oder finden Sie erst heraus, wie Sie wirklich sind, und bleiben Sie sich dann treu. Nur dann wird Ihr Lächeln auch von Herzen kommen.

Karte 9

Drei Hexenschwestern

Botschaft: Die Kraft der Drei

Zu den DREI HEXENSCHWESTERN

Diese drei Hexen sind Drillinge und machen alles gemeinsam. Jede von ihnen arbeitet eng mit den anderen beiden zusammen, um das gemeinsam erworbene magische Wissen maximal zu nutzen. Die Form ihrer Hüte schafft Anschluss an das höhere himmlische Element, und sobald sie den Hut abnehmen, stehen sie mit dem niederen Element der Erde in Verbindung. Sie besitzen ein außerordentlich feines Gespür dafür, welche Energie sie gerade umgibt, und oft kommen sie zu Menschen, die zwar merken, dass etwas nicht in Ordnung ist, aber nicht herausfinden können, was genau das sein könnte. Die DREI HEXENSCHWESTERN agieren wie eine Art Spukantennen und setzen ihr beträchtliches übersinnliches Können ein, um den wahren Geschehnissen auf den Grund zu gehen. Wenn sie einmal die Energie und deren Quelle identifiziert haben, können sie auch am passenden Gegengift arbeiten und uns die richtige Handlungsweise empfehlen. Denn für jedes bestehende Problem bietet die Welt der Magie auch eine Lösung. Wenn Kräfte wie hier dreifach gebündelt sind, entsteht ein mächtiger Energieschub in der Umgebung, und die Welt dessen, der ihn erfährt, wird sich verändern.

Die DREI HEXENSCHWESTERN sprechen

"Wir spüren seltsame Energien um dich herum, und wir schalten uns nun in diesen Strom ein, um dir erklären zu können, was vor sich geht. Das wollen wir auf dreifache Weise tun: sehr klar, sehr einfach und ohne Furcht.

Denn dieses Problem ist vielleicht noch nicht einmal ein Problem! Es ist schlicht etwas, das du noch nicht verstehst. Hol uns dazu, lass uns dir helfen und wir erkennen für dich genau, worum es geht. Doch du musst deinen Teil beitragen, indem du bewusst und wach wahrnimmst, was um dich herum geschieht!"

Botschaft an Ratsuchende

Etwas, das gerade geschehen ist, wird zum zweiten Mal geschehen und dann zum dritten Mal. Etwas, das bereits zweimal geschehen ist, wird noch einmal geschehen, und etwas, das dreimal geschehen ist, hat nun seinen Abschluss gefunden. Aus und vorbei, verabschiedet von den Dreien, die für die Abläufe zuständig sind, die sich in Dreierreihen wiederholen, bis die Lektion gelernt ist.

Karte 10

Meerjungfrau der Sonnenfinsternis

Botschaft: Machtvolle Energieverschiebung

◎◎◎

Zur Meerjungfrau der Sonnenfinsternis

Die wunderschöne Meerjungfrau schwimmt in ihrem wilden, roten Meer und beobachtet, nein spürt, wie eine große Energieverschiebung stattfindet. Sie badet in der Energie und reagiert auf sie, jedoch versucht sie nicht, diese Kraft zu beherrschen oder in eine bestimmte Richtung zu lenken. Sie ist gut vorbereitet und bewegt sich mit der Verschiebung, doch sie muss keine Mühe dafür aufbringen. Sie bleibt ganz still und ruhig, beobachtet nur wachsam den Augenblick. Ihre Augen spiegeln die Energie der Sonnenfinsternis, und alles, was tief in ihrem Innern verborgen lag, drängt nun heraus. Was aus ihr wird, hängt davon ab, was sie vor uns verborgen hat. Sonnenfinsternisse sind Zeiten gewaltigen Wandels und Erwachens – nicht immer gewollter oder willkommener Art. Wenn eine Sonnenfinsternis in unser Leben tritt, dann erkennen wir dieses kosmische Ereignis am besten einfach an und honorieren seine beachtlichen Auswirkungen auf unsere Welt. Wir sollten dem, was herausdrängt, an die Oberfläche verhelfen, denn in solch einer machtvollen Verschiebung kann nichts verborgen oder unterdrückt bleiben.

Die Meerjungfrau der Sonnenfinsternis spricht

"Diese Energieverschiebung, die du erfährst, erfordert eine gewisse Vorbereitung. Keine Mühe oder gar Gewalt, aber deine Bereitschaft. Rechne mit überraschenden Träumen oder hellseherischen Erlebnissen. Achte genau auf Suchtfaktoren, auf Klatsch und das Internet, darauf, was du isst und mit wem du zusammen bist. Alle diese Einflüsse sind wichtig, wenn ich dich besuche! Jetzt ist die beste Zeit, um mit gesünderer Ernährung zu beginnen oder sich ungesunde Süchte abzugewöhnen.

Denke daran, dass es nicht möglich ist, sich diesen Energieverschiebungen unseres Planeten und unseres Universums zu entziehen. Du kannst dich entweder auf diese Naturereignisse einstellen und ihre gewaltige Kraft für dich nutzen oder gar nichts tun und dich von ihnen überwältigen lassen. Das Schlimmste aber wäre, sich gegen den Energieschub zu wehren und sich den neuen Einflüssen zu verweigern."

Botschaft an Ratsuchende

Eine zutiefst emotionale Energieverschiebung, von den Ausmaßen her einer totalen Sonnenfinsternis ähnlich, findet in Ihrem Leben statt. Es könnten Enthüllungen, Skandale oder ungeahnte Wahrheiten auf Sie zukommen, und Sie verspüren vielleicht den Drang, Ihre Ernährung, Ihr Outfit, Ihre Freunde oder Ihre Lerninhalte oder Lebensziele zu wechseln. Wenn Sie sich auf dem persönlichen Weg Ihrer Seele befinden, dann ist dieser Wandel letztlich auch genau richtig, selbst wenn er zunächst beunruhigend scheint. Noch viel umstürzlerischer wird diese Zeit Ihnen vorkommen, wenn Sie den richtigen Weg noch nicht gefunden haben und erst dorthin geführt werden müssen. Gerade dann sind die gewaltigen Veränderungen aber enorm hilfreich, um Sie der Person näherzubringen, die Sie einmal sein möchten. Geben Sie den Strömungen nach. Widerstand ist zwecklos!

Karte 11

Trockenblumenfee

Botschaft: Süße Erinnerungen

⊚⊚

Zur TROCKENBLUMENFEE

Diese süße kleine Fee hat ihren Spaß daran, Erinnerungen zu sammeln und hübsch zu präsentieren. Sie trägt sie als Girlanden um sich und lässt sich von ihrem süßen Duft an glückliche Zeiten erinnern. Sie hilft uns dabei, unsere schönen Erinnerungen zu bewahren und in Ehren zu halten. Ihre Flügel erinnern an den prächtigen Monarchfalter, der so beeindruckend lange Strecken zurücklegen kann. So können auch diese Erinnerungen aus lange vergangenen Zeiten stammen – aus mehreren Zeitaltern sogar. Und doch sind sie noch in der Lage, uns, wo wir auch sein mögen, mit ihrer süßen Botschaft zu erfreuen.

In schweren Zeiten eilt uns die Trockenblumenfee zur Seite und zeigt und einen Moment, den wir schon ganz vergessen hatten, der nun aber die Gegenwart auf magische Weise in gutem Licht erscheinen lässt. Diese Fee tragen wir immer mit uns. In dunklen Zeiten fern aller süßen Erinnerung kommt sie zu uns und bleibt. Wir dürfen mit unerwarteten Anrufen rechnen, damit, alte Freunde überraschend wiederzutreffen, ein altes Foto eines geliebten Menschen zu entdecken oder auf viel ätherischere Weise an das Glück vergangener Tage erinnert zu werden.

Die TROCKENBLUMENFEE spricht

"Erinnerst du dich an die Zeit, als du mit den Feen im Garten gespielt hast? Als deine unsichtbare Freundin dir realer schien als deine anderen Freunde? Weißt du noch, als du deinen Schatten zum ersten Mal im Sonnenlicht entdeckt hast, als du zum ersten Mal im Meer geschwommen bist? Als du mit deinem Schwarm Händchen gehalten hast, als ein Freund dich herzlich umarmt hat? Als du einen perfekten Tag verbracht hast? Oh, du scheinst alle kostbaren Momente zu vergessen, deshalb bin ich auch so fleißig dabei, sie für dich einzusammeln. Ich gebe sie dir hiermit zurück, damit sie deine Traurigkeit in Glück verwandeln. Beginne wieder, an segensreiche Ereignisse und scheinbar grundlose Geschenke als Möglichkeiten für dich zu glauben. Wenn ich dich in der Erinnerung an einen schönen Moment der Vergangenheit lächeln sehe, weiß ich, dass mein Werk vollbracht ist."

Botschaft an Ratsuchende

Bald schon stellen sich bei Ihnen vermutlich kleine Erinnerungen an die lustigsten, freundlichsten und liebevollsten Momente in Ihrem Leben ein. An solche, die keine große historische Bedeutung haben mögen, die aber in der Geschichte Ihres Lebens doch eine tragende, da glückverheißende Rolle spielten. Ob das ein leuchtender Stern am Abendhimmel ist oder das Foto Ihres Vaters, der Sie fest im Arm hält, oder die Erkenntnis, dass Sie jemanden in seinem Leben tief und bedeutungsvoll berührt haben. Sie besitzen viele echte Juwelen; es ist an der Zeit, die glanzvollen Augenblicke aus Ihrer Erinnerung noch einmal zu durchleben und durch ihre Würdigung die Gegenwart zum Besseren zu wenden. Die Magie dieser süßen Momente wird sich bis in Ihren gegenwärtigen Kampf vorarbeiten und diesen für eine Weile erleichtern, bis Sie die Kraft, das zu tun, was getan werden muss, über Ihre vergangenen positiven Erfahrungen wiedererlangt haben.

Karte 12

Geflügelte Seherin

Botschaft: Du siehst klar · Hellsichtigkeit

◎◎◎

Zur GEFLÜGELTEN SEHERIN

Die GEFLÜGELTE SEHERIN ist ein Orakel-Engel, ein Wesen, das das Gewebe der Ereignisenergie erkennt und genau vorhersehen kann, wie sich die Geschehnisse entwickeln werden, wenn wir den vorhandenen Energiepfaden weiter folgen. Sie sendet uns ihre Einsichten auf seherischem Weg und verleiht uns die Fähigkeit, Folgen sehr klar zu erkennen, selbst wenn die Visionen, die sie uns dazu anbietet, in einem eher schleierhaften Gewand daherkommen. Je mehr wir unseren hellseherischen Momenten vertrauen, desto deutlicher werden sich uns auch die Momente der Erkenntnis erschließen, und bald können wir die Entwicklung einer Situation blitzschnell hellsichtig erfassen.

Die GEFLÜGELTE SEHERIN spricht

"Da so viele Menschen die Wahrheit sogar vor sich selbst verbergen, kann es schwierig werden, mich zu Besuch zu bitten, denn ich werde dich erkennen lassen, wenn sich jemand in deinem Leben verstellt und dich mit Halbwahrheiten abspeist. Du wirst auch Eindrücke übersinnlicher Herkunft empfangen, die dir vorkommen werden, als könntest du auf einmal weiter vorweg-, höher hinaus- und auch tiefer hineinsehen als vorher. Plötzliches Verstehen der Vergangenheit wird sich mit kurzen Visionen in die Zukunft abwechseln. Ich bin das Auge des Ra. Ich erschaffe deine Zukunft neu. Und ich bin Adrinka, das Auge, das dich bewacht, während du schläfst. Wenn du dich nach den Erkenntnissen, die du nun so klar erfährst, richtest, werden Erleuchtung, Sieg und Weisheit folgen."

Botschaft an Ratsuchende

Ihre natürliche Hellsichtigkeit wird von der GEFLÜGELTEN SEHERIN verstärkt. Sie fühlen sich vielleicht beinahe in der Lage, hinter Türen und in Räume hineinzusehen und Bilder zu empfangen, die Sie wissen lassen, was jemand anderes tut, ohne dass Sie (körperlich) anwesend sind. All diese Erfahrungen können Sie entweder stärken oder ängstigen. Sie waren es, die um mehr Informationen gebeten haben, und nun, da sie Ihnen gewährt werden, sollten Sie den Mut aufbringen, aufgrund von etwas, das Sie nicht "logisch" erklären können, Maßnahmen zu ergreifen! Jetzt ist es wichtiger denn je, ehrlich mit dem umzugehen, was Sie sehen können.

Karte 13

Ich bin Kali

Botschaft: Aus dem Tod die Wiedergeburt

Zu KALI

KALI ist die blauhäutige Hindu-Göttin der Geburt, des Todes und der Wiedergeburt. Hier steht sie für die Zerstörungsphase dieses natürlichen Kreislaufs, und ihre Aufgabe ist es, all das wegzuräumen, was nicht länger gebraucht wird. Oft wird sie im Tanz mit Schwertern dargestellt, und man sagt ihr nach, dass sie jene köpfen wird, die sich weigern, die Notwendigkeit zu erkennen, alle natürlichen Kreisläufe zu durchlaufen. Ihre Halskette aus abgetrennten Köpfen repräsentiert das Ende der Sklaverei des überintellektuellen, überanalytischen Ichs, das im Stillstand verharrt, wenn nur die Tat allein noch helfen kann. Die Göttin ist sehr stark, mächtig und in vieler Hinsicht beschützt sie uns, obwohl ihr wildes, ungezähmtes Wesen einschüchternd wirken kann auf furchtsame Seelen, die vor ihrer kühnen Tatkraft erzittern. Als Muttergottheit hilft sie bei Problemen mit Geschwistern, Lehrern, Eltern und auch Vorgesetzten, und sie unterstützt schmerzhafte Übergangszeiten.

Erscheint KALIS Botschaft einmal, so ist ihre Energie bereits aktiviert. Wir sollten ihr einfach erlauben, uns zu helfen, das in uns freizulassen, was wir nicht länger brauchen, und die nötigen Schritte für eine Veränderung im Leben zu tun.

KALI spricht

"Ich bin die Tänzerin, die durchs Feuer geht, die das Schwert schwingt und die Energieverbindungen, die dich gefangen halten, durchtrennt. Ich bin die, die keine Angst hat vor dem Tod, der geschehen muss. Jeder Akt der Zerstörung ist ein Akt der Schöpfung, und ich bringe keine sinnlose, brutale Vernichtung. Ich merze alles aus, was deine Energie absaugt, was dich deine Kraft kostet und dich im Stillstand gefangen hält. Ob du es weißt oder nicht, du hast mich um Hilfe gebeten, und nun schlage ich den Weg frei und entferne das, was du schon lange ziehen lassen wolltest. Die Zeit für etwas ist gekommen. Und es wird wiedergeboren werden, denn nichts stirbt auf ewig, sondern es ändert sich. Ich bin die reine Feuerenergie und die große Mutter, die dich tanzend über einen Tod zu neuem Leben geleitet."

Botschaft an Ratsuchende

KALI für sich wirken zu lassen, ist schwere Arbeit, aber es ist eine Arbeit, die wir alle irgendwann tun müssen. Wenn Sie diese Karte ziehen, dann arbeiten Sie mit der Energie des Feuers und der Muttergöttin, die Ihnen im Tanz zeigen wird, wie Sie die Veränderung, der Sie sich widersetzt haben, meistern können. Mit dieser Energie können Sie nicht stillstehen; die Bewegung ist KALIS essenzielles Moment, und ihre wilde Natur ist auch ein Test für Ihre eigene Stärke. Können Sie tun, was getan werden muss, und weitertanzen? Können Sie sich an der Reinigung von abgestandener Energie erfreuen? Können Sie, ohne zu zögern, vorwärtsgehen? Können Sie das, was auf der anderen Seite von KALIS Feuer auf Sie wartet, bejahen? Und können Sie diesen speziellen Tod als "Inkarnation" in ein neues Leben begreifen, in das Sie – von KALIS Flammen befeuert – wiedergeboren werden?

Karte 14

Marie Maskerade

Botschaft: Glanz · Intrige · Drama

Zu MARIE MASKERADE

Marie ähnelt der berühmten französischen Königin Marie Antoinette. Sie ist entzückend, hat viel Stil und findet stets faszinierende und kreative Wege, sich zu unterhalten. Wo sie ist, da sind dekadente Momente und glamouröse Auftritte nicht weit. Doch sie weiß selbst, dass all dies nur Mittel der äußerlichen Unterhaltung sind und dass in ihrem Inneren ein Loch klafft. Sie wünscht sich, sie würde als der Mensch geliebt, der sie ist. Sie möchte sich durch ihren Stil und Geschmack ausdrücken, ohne dafür verurteilt zu werden. Wir brauchen nur hinter die schöne und stilvolle Maske zu sehen und ihr Herz zu entdecken. Dann ist es nicht mehr schwer, gut Freund mit ihr zu sein und dennoch nie zu vergessen, was uns selbst wichtig ist.

MARIE MASKERADE spricht

"Jemand möchte dich einladen, an etwas sehr Faszinierendem teilzunehmen. Die Bitte kommt so charmant daher, dass du dich versucht fühlen wirst nachzugeben. Weil dieser Jemand sehr schön und begabt und mächtig ist, fühlst du dich geschmeichelt. Aber in Wahrheit gehst du ein hohes Risiko ein, für etwas Ruhm oder Ehre einen hohen Preis zahlen zu müssen. Vergewissere dich gründlich, dass die Zwecke, die hier verfolgt werden, solche sind, die du dir tatsächlich wünschst. Denn vermutlich muss ein Opfer gebracht werden, und viele der Konsequenzen bleiben dir möglicherweise noch verborgen. Verlockend ist es ohne Frage, dieses seltsame und sonderbar anrüchige Angebot, aber es ist vielleicht nicht wirklich in deinem Interesse."

Botschaft an Ratsuchende

Klatsch und Intrige umgeben eine Person, zu der Sie in gewisser Weise aufblicken. Diese Person aber braucht einen wahren Freund, keinen Verehrer! Diese Karte ziehen Sie möglicherweise dann, wenn Sie Eifersucht und Neid auf jene empfinden, die Ihrer Meinung nach unverdient erfolgreicher und beliebter als Sie selbst sind. Was die Karte Ihnen sagen möchte, ist, dass Sie sich auf Ihre eigene schwer verdiente Leistung konzentrieren und Ihren eigenen Stil kultivieren sollten. Wenn Sie das Opfer von Tratsch und Gerede sind, dann machen Sie sich klar, dass Sie niemals kontrollieren können, was andere über Sie sagen. Sie können aber Ihr Leben in Anstand und Würde führen. Wenn MARIE MASKERADE auftaucht, dann sucht meist ein Mensch die Freundschaft eines anderen wegen dessen Einfluss, aber nicht von Herzen. Trotz ihres feinen Aussehens und Erfolgs braucht auch eine Frau in Maries Position wahre Freunde. Überprüfen Sie Ihre innere Motivation, und erkennen Sie, ob Sie jemanden zum Freund haben oder nur mit ihm netzwerken wollen. Anstatt sich blind einer Mode anzuschließen, sollten Sie lieber eine eigene kreieren!

Karte 15

Mehltaufee

Botschaft: Großreinemachen

◎◎

Zur MEHLTAUFEE

Manche Dinge sehen schäbig aus, sie sind es aber keineswegs – es sind gute Dinge, die sehr hilfreich sein können, wenn wir sie richtig einsetzen. Wenn die MEHLTAUFEE kommt, dann ist die Zeit gekommen nachzuschauen, ob etwas bereits Verworfenes oder Vergessenes nicht nützlich sein könnte. Dabei kann es ebenso um einen Aspekt unserer Persönlichkeit gehen wie um ein Merkmal unserer Umgebung. Es ist von größter Wichtigkeit, diesen Aspekt nicht weiter begraben und verdeckt zu lassen. Wie förderlich sich die Situation weiterentwickeln kann, hängt vom Grad der Offenheit ab, mit der wir an sie herangehen.

Die MEHLTAUFEE spricht

"Es entsetzt mich immer wieder, wenn Menschen glauben, etwas dürfe nicht da sein … wie ich zum Beispiel! Ich wachse doch ganz natürlich dort, wo es feucht und warm ist, und ich bin da, um aufzuzeigen, was du in Angriff nehmen solltest. Ich kann ganz erstaunliche Dinge: Ich kann Heilmittel sein und Parasit zugleich. Aber immer mache ich sichtbar, was vorgeht und was geändert werden sollte, damit die problematische Situation nicht ausufert! Wenn dem so ist, kannst du deine Umgebung sanft und natürlich auffrischen – ohne ätzende Chemikalien oder Bleichmittel, die nur all das, was am Alten hilfreich und gut ist, gleich mit töten würden. Du siehst schon, ich tauche dann auf, wenn etwas für dich ungesund wird, das du nicht bemerkst. Sei also dankbar für meine sichtbaren Zeichen, und ärgere dich nie wieder über

Pilzbefall. Iss ein paar leckere Champignons im Gedenken an mich. Beachte mich, und entferne mich nicht einfach nur gedankenlos. Ich bin immer am rechten Fleck – dort, wo du etwas auf gesunde Weise anpacken solltest, bevor es dir schadet."

Botschaft an Ratsuchende

Wie werden Sie Stocknässe (festgefahrene Gefühle) los und bringen wieder frische Luft (neue Denkweisen) in Ihr Zuhause und Ihre Umgebung? Wenn die MEHLTAUFEE Ihnen einen Besuch abstattet, dann will sie vor stagnierendem emotionalem Ballast warnen und daran erinnern, dass frische Gedanken nötig sind, um die Luft zu reinigen. Vielleicht sollten Sie Ihre Ansichten oder Ihre Sichtweise erneuern oder ein paar zurückgedrängte Emotionen "ablassen". Das Erscheinen der Fee bedeutet immer: aufdecken statt vertuschen, reinigen statt verdrängen. Wie die kleine Fee selbst schon sagt, ein wenig von ihr kann heilsam sein, zu viel von ihr aber sehr ungesund. Zu welcher Frage sie gezogen wird, verrät Ihnen viel darüber, welcher Bereich Ihres Lebens eine neue Herangehensweise erfordert. Sie möchte die Anwesenheit ungesunder Energien bewusst machen. Sie sollten sie nicht etwa verharmlosen oder entschuldigen – und schon gar nicht ignorieren!

Karte 16

Botschaft: Übergänge ins Reich der Geister

Zum ENGEL DER TOTEN

Dieser mitfühlende, seelenvolle und zärtliche Engel hat zwei Aufgaben: Seelen auf sanfte Weise zu sammeln und nach Hause zu bringen, wo sie ein wenig ausruhen können, bevor es weiter zur nächsten Inkarnation geht, und ihnen die Angst vor dem Tod zu nehmen und sie so hinwegzutragen, dass sie in der Zeit vor ihrer Wiedergeburt nur noch süße Erleichterung, Frieden und tiefe Ruhe erwarten.

Der ENGEL DER TOTEN entfernt noch nicht die Identität einer Seele, sondern er führt sie nur vorsichtig vom Körper weg, er erlaubt es diesem, in die Erde zurückzukehren, und lädt die Seele ein wenig zum Verweilen ein, bevor sie mithilfe des Engels eine passende neue Inkarnation wählt. Mit diesem Engel sollen wir den Tod als Transformation und Chance begreifen lernen, als Möglichkeit zu neuem Leben. Diese Karte ist zart und warm, liebevoll und teilnahmsvoll, wenn sie im Einklang mit ihren Seelen weint. Sie kann aber auch zu jenen sprechen, die auf der Erde verweilen, und solche ermutigen, deren Arbeit getan und deren Zeit gekommen ist, sich und ihre Seele der wohlverdienten Ruhe zu überantworten. Sie kommt zu denen, die mit den Erinnerungen zurückbleiben, und hilft ihnen bei der Verständigung und Übermittlung von Botschaften. Sie kennt die Brücke zwischen den Welten, über die sie – öfter als einmal im Jahr, aber am leichtesten doch am Abend vor Allerheiligen, zu Halloween – Nachrichten der von uns Gegangenen an ihre Kinder und Freunde, die noch am Leben sind, überbringt. Die Liebe dieses Engels ist grenzenlos.

Der ENGEL DER TOTEN spricht

"Ich bringe dir Nachricht von einem geliebten Menschen: von jemandem, dessen Geist sich schon zu verabschieden scheint, dessen Anwesenheit aber immer noch hier verbleibt, bis er oder sie sich endgültig vom Leben gelöst hat. Ich bitte dich hiermit, die mit dir verbundenen Seelen, die sich ausruhen oder die mit der Bildung eines neuen Ichs beschäftigt sind, zu begrüßen. Vielleicht triffst du bald eine geliebte Seele in einem neuen Körper wieder. Ich bitte dich, den Möglichkeiten dieser neuen Form gegenüber aufgeschlossen zu sein – und ebenso aufgeschlossen zu sein für die Nachricht, die ich von den Ahnen bringe. Denn sie haben dir etwas zu sagen und werden dir bald erscheinen, in einer Vision, einem Traum oder Tagtraum, der einen erfreulich greifbaren Beweis dafür bringen wird, was manche noch immer das Leben nach dem Tod nennen. Doch es gibt keinen Tod. Es gibt nur das Leben, dann eine Ruhephase, dann Wechsel. Sei bereit, dich trösten zu lassen und mehr über die Welt nach dieser Welt zu erfahren, die so deutlich spürbar da ist, der du aber noch immer zu wenig traust, selbst wenn wir die Botschaften so deutlich wie Signalflaggen senden."

Botschaft an Ratsuchende

Bei einer Orakeldeutung heißt der ENGEL DER TOTEN vor allem, dass Sie sich damit beeilen sollten, den Zweck Ihres gegenwärtigen Lebens zu erfüllen. Der Engel spricht nicht nur von vergangenen Leben, sondern auch von der Wahrheit, dass man ein neues Leben bereits aktivieren kann, während man noch auf der Erde lebt. Um den Zweck und Vertrag Ihres Lebens zu erfüllen, ist es nicht notwendig dahinzuscheiden. Sie müssen nicht erst fortgehen, um neu anfangen zu können! Das Leben ist auch so ein dauernder Schaffensprozess, und Sie sind an einem Punkt, an dem Sie ein altes Muster abändern können, ohne dieses Leben zu beenden. Energie ist Wandel, und der größte Umwandler ist nicht länger der Tod. Der Engel kommt zu Ihnen, damit Sie die Furcht vor der Sterblichkeit ablegen und damit beginnen, sich selbst in ein neues Leben hineingleiten zu lassen.

Karte 17

Seltsam einsam

Botschaft: Sich zu sehr festklammern

⊙⊙⊙

Zu SELTSAM EINSAM

Dieses zarte, trotzige Wesen umklammert fest sein keltisches Kreuz und sein Glaubenssystem, denn ohne dieses weiß es nicht, wer es wirklich ist. Vielleicht hat die Fee es von ihrem Liebsten, vielleicht von einem anderen wichtigen Menschen oder es repräsentiert ihre Familie. Der Grund, warum sie sich so daran festhält, ist ihre Einsamkeit. Sie muss sich mit ihrer Seelenfamilie erst noch verbinden. Die meisten von uns kennen das Gefühl, wenn wir uns mitten unter Menschen, vielleicht sogar solchen, die wir Freunde nennen, einsam fühlen. Wir möchten dann ein Bollwerk zwischen uns und die Welt stellen – genau wie sie. Bei dieser Karte geht es um heftig gespürte Individualität und Isolation.

SELTSAM EINSAM spricht

"Du klammerst dich dermaßen fest an etwas, dass es zur Barriere zwischen dir und den anderen wird – daher fühlst du dich manchmal allein. Nun solltest du dich ein wenig der Welt öffnen und zugeben, dass du dich in deinem Umfeld nach gleichgesinnten Menschen sehnst. Und das ist nicht dasselbe wie Kollegen, die denselben Beruf haben, sondern es meint Menschen, die deine Seele ansprechen. Du wünschst dir metaphysische und mystische Gespräche und Antworten auf Fragen, die dich wahrhaft beschäftigen. Halte Ausschau nach Freunden, die dir sagen, was sie sehen, und nicht, wovon sie glauben, dass du es hören möchtest. Was du dann hören wirst, ist vermutlich, dass du deinen Griff um etwas Bestimmtes lockern solltest."

Botschaft an Ratsuchende

Das Dilemma eines Lebens, das man genau so bewahren möchte, wie es gerade ist, liegt in der Furcht, dass andere dort eindringen und das zarte Gleichgewicht stören könnten! Also klammert man sich noch fester an das, was man hat oder glaubt, haben zu müssen. Doch in Wahrheit ist Ihre innere Welt viel reicher als die der meisten anderen, sie ist ein fantasievolles Paradies – das allerdings je nachdem, wie Sie sich fühlen, auch zur Hölle mutieren kann. Wenn Sie diese Karte ziehen, lassen Sie bitte ein wenig von dem los, woran Sie sich klammern – nur ein bisschen. Fühlen Sie, wie Ihnen das neuen Raum beschert, um mit anderen freundlichen Menschen zu interagieren, wie es Ihnen hilft, Ihre Welt ein bisschen größer werden zu lassen? Natürlich sollen Sie sorgfältig wählen, wen Sie in Ihre Welt lassen; doch zumindest eine neue Person muss eingelassen werden und zumindest ein Symbol vermeintlicher Sicherheit muss gehen. Zumindest vorübergehend.

Violette Herzogin

Botschaft: Unterdrückt · gelangweilt · festgefahren

Zur VIOLETTEN HERZOGIN

Überdruss! Eintönigkeit! Sie versucht so sehr, "brav" und "nett" zu sein – aber vergeblich. Nichts hilft. Diese leidenschaftliche Aristokratin steckt die Feenflügel hinter dem Rücken fest, damit sie nicht gesehen werden können. Steif sitzt sie da und versucht, einem Vortrag über gutes Betragen zu folgen. Nach außen hin bleibt sie höflich, aber es lässt sich leicht erkennen (und spüren), dass sie gelangweilt und frustriert ist und liebend gern bei der erstbesten Gelegenheit verschwinden würde. Sie hat die öde Aufgeblasenheit der Menschen satt, und sie hat es ebenso satt, eine Dame zu sein. Die Welt, in der Etikette und ein Hofprotokoll regieren und Spontaneität, Magie und Freiheit vollständig unterdrücken, engt sie unfassbar ein. Denn all das wünscht sie sich so sehr! Der Frust auf ihren Zügen ist unverkennbar – Frust, der aus der eigenen unterdrückten Lebenskraft entsteht, die den Ausbruch aus dieser Enge herbeisehnt.

Die VIOLETTE HERZOGIN spricht

"Bei deiner bewundernswerten Suche nach dem inneren Gleichgewicht kannst du auch zu neutral werden. Dann gibst du vor, gelassen zu sein, und verhältst dich nach außen hin höflich und angepasst – aber du sagst nicht die Wahrheit! Nun, da ich dir erschienen bin und dir diese Wahrheit sage, ist die Zeit gekommen, eine echte und unverfälschte emotionale Reaktion wiederzuentdecken, die du im Hinblick auf eine Person oder ein Ereignis verspürt hast. Dann solltest du diese auch ausdrücken. Harmonie ist gut und schön, aber ein Mensch, der in Situationen, auf die es wahrhaft ankommt, nur lauwarm bleibt, möchtest du auch nicht sein, oder? Wenn du dein wahres Ich verleugnest, führt das zu ungesunden Beziehungen und auch zu körperlichen Reaktionen wie Schmerzen oder sogar zu Krankheit. Wähle die Leidenschaft und die Wahrheit, und entdecke, wie heftig du fühlen kannst und wie viel Spaß das macht!"

Botschaft an Ratsuchende

Ihr Wunsch, gemocht zu werden und zu gefallen – bildlich gesprochen als "Dame" oder "Herr" angesehen zu werden –, betrügt Sie um etwas Wunderbares, das Sie zu erleben verdienen. Manchmal muss man die Regeln einfach brechen, um das zu erreichen, was wahrhaft gut für einen ist. Im Moment stellt sich Ihnen eine Situation als ungerecht, unfair und absolut unattraktiv dar – aber Sie müssen auch den Mund aufmachen. Das Beste, was Sie dabei entdecken werden, ist, wie richtig es ist, für das einzustehen, woran man aufrichtig glaubt. Auch andere wird Ihre eigene kleine Revolution inspirieren.

Karte 19

Amara die Menehunin

Botschaft: Lomi-Heilung

◎◎

Zu AMARA DER MENEHUNIN

AMARA DIE MENEHUNIN steht für den Geist der Tropen: Sie ist warmherzig, sinnlich, süß und bringt reiche Geschenke für uns. Sie bringt Früchte und Blüten und tanzt und singt die Lieder ihrer Vorfahren. Sie ist Gelächter und fließendes, frisches Gewässer und Hoffnung und Wärme in einem. Sie ist im Freien zu Hause, vor einer Hintergrundmusik aus Delfinstimmen, Wasserfallrauschen und sirrenden, warmen Brisen. Sie bringt viele süße Aromen mit und wünscht uns, dass wir herunterschalten und uns entspannen, dass wir uns die Zeit nehmen, den Duft der Frangipani-Blüten zu schnuppern! Wenn AMARA DIE MENEHUNIN kommt, dann ist keine Eile geboten. Sie weiß, dass wir nicht in Ruhe essen, keine tiefen Verbindungen genießen, nicht gut schlafen und unsere Gefühle nicht richtig auskosten, wenn wir in Eile sind. Die Schönheit in uns und um uns herum rauscht unbemerkt an uns vorbei! Mit AMARA DIE MENEHUNIN ist es Zeit für ein wenig hawaiianische Entspannung mit reichlich Aloha!

AMARA DIE MENEHUNIN spricht

"Aloha. Du brauchst eine längere Auszeit, um die Energie Hawaiis und wieder genügend nährende Kräfte in dein Leben einzulassen. Blende die Stimmen aus, die dir zuflüstern, du müsstest ohne Unterlass schwer arbeiten und immer unter Stress stehen, wenn du es zu etwas bringen willst. Ich komme aus einer Zeit und von einem Ort, wo wir eins sind mit der Natur und wo Körper und Seele im Einklang miteinander schwingen und die herrlichsten

Lieder singen! Auch du brauchst die Energie der Sonne auf deinem Körper; gönn dir ein Sonnenbad voll reinem, goldenem Licht, das deine Knochen wärmt, das dich heilt und mit Freude erfüllt."

Botschaft an Ratsuchende

AMARA DIE MENEHUNIN ist da. Zeit, mehr Obst zu essen, Wasser und hochwertige Fruchtsäfte zu trinken, das Tanzen zu lernen, ein tropisches Blütenbad zu nehmen und die Energie des Wasserfalls zu spüren. Wenn AMARA DIE MENEHUNIN Sie sanft zur Ruhe gemahnt, bietet Ihnen beispielsweise eine Lomi-Massage eine perfekte Atempause. Sie freut sich auch über Tanzen, Singen, Musik und Sport – vorausgesetzt sie werden mit Freude ausgeübt. Frisches Obst und Rohkost und jede Aktivität unter der Sonne gefallen ihr. Vielleicht gibt es in Ihrer Familie schon eine eigene Tradition der Entspannung, der Sie sich anschließen möchten. Surfen und Schwimmen passen zum Beispiel bestens in das Konzept von AMARA DIE MENEHUNIN. Auch holistische Behandlungen, alternative Medizin oder Reisen zu Kraftorten können Ihnen helfen. Wenn Sie diesen Rat mit Ernst verfolgen, dürfen Sie eine erneuerte Gesundheit und eine neue positive Lebenseinstellung erwarten.

Karte 20

Botschaft: Zeige Mut!

Zur HIGHLAND-FEE

Die HIGHLAND-FEE möchte nicht kämpfen. Sie fürchtet, das liege nicht in ihrer Natur. Sie möchte Dispute lieber friedlich lösen. Und doch wird sie kämpfen, wenn es sein muss. Hier zeigt sie uns, dass auch wir die Möglichkeit haben, für uns einzutreten. Selbst wenn wir fast chronisch allen Konflikten aus dem Weg gehen und anderen oft den Vorteil schenken – jetzt ist die Zeit gekommen, das Schwert aufzunehmen und in den Teil unseres Ichs vorzudringen, der weiß, wie er seinen Standpunkt mit Nachdruck vertritt. Er wird nicht nachgeben, nur weil ein Konflikt droht. So furchterregend und falsch uns dieser erscheinen mag, ist es doch Zeit dafür. Die kleine Fee weiß das. Etwas aufzugeben, woran man hart gearbeitet hat, nur um eine Konfrontation zu vermeiden, ist jetzt nicht die richtige Wahl. Stehen wir mutig auf, die HIGHLAND-FEE wird uns zur Seite stehen. Und wenn die Bedrohung vorüber ist, wird sie unseren Sieg umso rauschender feiern.

Die HIGHLAND-FEE spricht

"Siehst du mein gewaltiges Schwert? Ich habe mich lange davor gefürchtet, es zu benutzen. Nun muss ich stark sein und es erheben – so wie du auch! Der Gedanke, es zu schwingen und irgendjemanden damit zu verletzen, macht mich traurig, aber ich weiß, was ich zu tun habe. Ich muss lernen, für das zu kämpfen, woran ich glaube und wovon ich weiß, dass es richtig ist. Gegen dieses Problem muss ich mit vollen Waffen antreten und es ein für alle Mal beseitigen. Ich ziehe in die Schlacht, und das macht mir Kummer.

Aber dennoch werde ich stark und ohne Furcht sein und tun, was getan werden muss. Ich mag mein Schwert in Tränen baden, aber ich will es nicht länger gesenkt halten, wenn die Bedrohung naht und sich auf meine Furcht und einen leichten Sieg verlässt. Diesmal hole ich mir zurück, was mir gehört."

Botschaft an Ratsuchende

Der Waffenstillstand ist vorbei. Sprechen Sie laut die Wahrheit aus, und seien Sie stark! Andere wollen sich das nehmen, wofür Sie so schwer gearbeitet haben, ohne selbst etwas dafür zu tun. Dabei verlassen sie sich auf Ihr friedliebendes Wesen. Nun ist es genug! So traurig es scheint, es ist an der Zeit, sich in den Kampf zu stürzen. Ja, das ist schmerzlich, und die HIGHLAND-FEE trauert mit Ihnen. Doch Kummer und Sorge sollen nicht länger Ihr Leben regieren. Erweisen Sie sich selbst Respekt, und erheben Sie Ihr Schwert!

Karte 21

Engel der Alchemie

Botschaft: Wunder

◉◎◉

Zum ENGEL DER ALCHEMIE

Der ENGEL DER ALCHEMIE ist das Wunder, das zwischen dem Arzt und dem Tod steht. Er ist der machtvolle Heiler, der das gesundheitliche Problem, das uns beschäftigt, lösen wird. Seine Aufgabe ist es, die angemessene Behandlung für unseren Körper zu finden und unser Wohlbefinden auf natürliche Wiese zu fördern. Er hilft bei der Auswahl der richtigen Behandler, der passenden Heilmethode und der nötigen Energie, um mit dieser Herausforderung fertig zu werden. Er bedient sich starker Energiereserven seines Herz-Chakras, die er uns sendet und mit denen er unseren Glauben an das Wiedergesundwerden erneuert. Er hilft uns, den Mut zu finden, wieder ganz am Leben teilzunehmen, das uns von Zeit zu Zeit zu viel wurde. Er will uns helfen, den schieren Mut aufzubringen, den es braucht, um das Leben in all seinen Formen zu erfahren. Und er will uns vor Augen führen, dass genau dieser Mut auch den größten aller Segen mit sich bringt!

Der ENGEL DER ALCHEMIE spricht

"Ich bin hier, um dich bei einer wunderbaren Veränderung in deiner körperlichen Gesundheit zu unterstützen. Ob du an einer Verletzung oder Krankheit leidest oder ob du dich gerade einfach nur nicht wohlfühlst in deinem Körper, ich als ENGEL DER ALCHEMIE kann dir zeigen, wie du deine gegenwärtige Erfahrung der Körperlichkeit veränderst. Schon seit Tausenden von Jahren leiste ich das. Ich habe die Furcht und die Schuld der anderen gesehen. Ich habe die Angst vor Ansteckung gesehen und die Qual des Schmerzes und die Verzweiflung über das scheinbar nahende Ende. Doch ich bin jetzt hier bei dir, um dir zu zeigen, wie du selbst Gesundheit und Kraft in dir schaffst und wie du die Furcht vor dem Älterwerden ablegst. Alles wird gut, und alles geht vorbei. Diese körperliche Form ist nur eine von vielen, die du erschaffen kannst. Lass mich dir zeigen, wie du aufs Neue in Liebe und Gesundheit leben kannst."

Botschaft an Ratsuchende

Vielleicht schlagen Sie sich zurzeit mit gesundheitlichen Problemen herum. Oder jemand, der Ihnen nahesteht. Doch was es auch sein mag, was Sie gerade durchmachen, jetzt sollten Sie sich fragen: Was täte ich, wenn ich wüsste, dass ich nur noch kurze Zeit auf diesem Planeten zu leben habe? Dann sollten Sie diese Pläne in Angriff nehmen. Denn das Schöne am Blick in die Abgründe menschlicher Todesangst ist, dass gerade diese Erfahrung der Sterblichkeit ein köstliches Bewusstsein für das Gefühl schafft, jetzt am Leben zu sein. Zwangsläufig werden Sie neue Prioritäten setzen und Ihr Leben auf neue und bedeutsame Weise umgestalten, sobald Sie erkennen, wie kurz unsere Zeit in einem Körper sein kann. Zögern Sie nicht. Handeln Sie und ändern Sie, was Sie ändern können. Wenn Sie diese Karte ziehen, dann steht Ihnen eine gesundheitliche Herausforderung bevor. Die gegenwärtige Situation hat Ihnen auf mancherlei Art genützt; sie hat ihr Augenmerk wieder auf das gerichtet, was in Ihrem Leben wahrhaft wertvoll ist, und sie hat Sie auf bislang vernachlässigte Bereiche hingewiesen. Nun können Sie mit verschobenen Prioritäten voranschreiten. Der ENGEL DER ALCHEMIE möchte Sie ermutigen und dabei unterstützen, Ihre Heilung – oder die eines Ihnen nahestehenden Menschen – zur obersten Priorität zu machen.

Karte 22

Voodoo in Blau

Botschaft: Hände weg!

◎◎

Zu VOODOO IN BLAU

Diese Fee teilt uns mit, dass wir von einer Person oder Situation, die nicht in unserem Interesse ist, die Finger lassen sollten. Wenn wir etwas nicht gebrauchen können, dann sollten wir auch mutig dazu stehen, es abzulehnen. Diese blaue Fee mit ihrer Voodoo-Puppe erklärt uns deutlich, dass wir nun jemanden ebenso deutlich auf Abstand halten müssen. Der eigene Instinkt wurde von dem uns rational erscheinenden, aber fehlgeleiteten Wunsch übertönt, jemandem beizustehen, der oder die nicht sonderlich gut für uns ist. VOODOO IN BLAU hat gar nichts dagegen, ein wenig unfreundlich zu wirken mit ihrer Hände-weg-Botschaft. Sie möchte gern unmissverständlich verstanden wissen; ihre Botschaft, dass die unerwünschte Person sich rasch zurückziehen soll, soll ankommen! Sie möchte, dass wir unseren Instinkten wieder vertrauen. Dass wir ehrlich sind, statt "nett". Geahnt haben wir es schon selbst, dass wir dringend Abstand zu jemandem brauchen. VOODOO IN BLAU erklärt uns, dass diese Ahnung genau richtig war.

VOODOO IN BLAU spricht

"Du bist gerade so erfolgreich, dass es vielleicht auch Menschen zu dir hinzieht, die ganz einfach ihr Fähnchen in den Wind hängen wollen. Und du bist freundlich und hilfsbereit, daher komme ich zu dir und gebe dir eine klare Warnung. Mir egal, ob ich dabei wie der Spielverderber aussehe. Wichtig ist nur, dass meine Nachricht bei dir ankommt. Zeit für ein bisschen Bleib-weg-Magie ... obwohl ich natürlich niemandem schlechte Wünsche schicke (es stecken ja auch keine Nadeln in meiner Puppe), solltest du dem betreffenden Kandidaten so bald besser keine Einladung zum Kaffee mehr aussprechen. Du spürst ohnehin schon, was zu tun ist. Dein Gespür trügt dich nicht. Hände weg – und ein wenig Knurren zur Abschreckung schadet auch nicht."

Botschaft an Ratsuchende

Jemand muss Ihnen mehr Raum lassen und sich aus Ihrem Leben fernhalten. Sie mögen ihn nicht, haben ihn nicht gern um sich und müssen ihm das auch ganz klar zu verstehen geben, obwohl Sie so gern ein liebevoller und netter Mensch sein wollen. Machen Sie sich frei von dieser Sache, die Ihnen so viel Kummer bereitet, indem Sie den Verursacher Ihres Ärgers bitten, Sie in Ruhe zu lassen. Bleiben Sie zunächst gern noch respektvoll und höflich bei Ihrer Ablehnung – doch sollte er Ihre Worte erneut als Einladung missverstehen, sagen Sie ganz klar und deutlich: "Nein! Bleib weg." Immer nett sein zu wollen, schafft nur widersprüchliche Botschaften. Hände weg!

Karte 23

Violetter Engel

Botschaft: Ein neuer Morgen

◎◉◎

Zum VIOLETTEN ENGEL

Dieser wunderschöne Engel hat dort seinen Auftritt, wo etwas Neues am Horizont erscheint. Er hat die Färbung der Morgendämmerung und wartet nur, bis wir uns der wunderbaren neuen Möglichkeiten bewusst werden. Wenn er in Erscheinung tritt, dann stehen viele wunderbare Zufälle, Ereignisse, Freundschaften und Veränderungen, die wir uns gewünscht haben, auf der Liste der Möglichkeiten. Er möchte, dass wir uns der Chancen bewusst werden und uns auf den neuen Segen vorbereiten, der bald eintreffen wird. Also aufgewacht!

Der VIOLETTE ENGEL spricht

"In letzter Zeit hattest du manchmal das Gefühl, du hättest das Feuer von einst verloren und dein physischer Körper sei bis zur Erschöpfung müde. Es war eine lange, dunkle Seelennacht, doch jetzt bin ich hier, um dich wissen zu lassen, dass nicht nur das Schlimmste vorbei ist, sondern das Beste dir erst noch bevorsteht. Kurz bevor! Noch ist es schwach und sammelt Energie, aber bald wird mit diesem neuen Morgen auch deine Energie wieder kraftvoll fließen, und du wirst dich mit deiner inneren Kraftquelle wieder verbunden fühlen. Dein Geist wird aufblühen, und deine Intuition wird klar sein! Erwache ab jetzt früher, und bereite dich auf dein neues Projekt vor, indem du die frühen Morgenstunden draußen in der Natur verbringst."

Botschaft an Ratsuchende

Nach einer schweren Zeit bricht sich mit frischer Hoffnung etwas Neues Bahn, und wir sehen bereits die Zeichen seines Nahens. Sie haben guten Grund zum Optimismus, denn etwas hat sich dauerhaft verändert. Sie stehen auf der Schwelle eines neuen Tages und dürfen die Ankunft von etwas Starkem und Strahlendem erwarten. Haben Sie Geduld, und treiben Sie es nicht zur Eile an – genießen Sie stattdessen diese zarte Geburt eines Tages, auf den Sie so lange gewartet haben. Dankbarkeit, Erwachen, früh aufstehen und neue Dinge ausprobieren stehen auf dem Plan, wenn der VIOLETTE ENGEL der spirituellen Morgendämmerung in Ihr Leben schwirrt.

Karte 24

Botschaft: Eine klare Lösung

Zur LATERNENFEE

Diese süße Fee leuchtet uns den Weg durch eine Sperre, die wir in unserem Leben erreicht haben. Das kann sich auf jeden Lebensbereich beziehen, auf jeden Fall aber fühlt es sich wie ein sehr massives Hindernis an. Diese sanfte Fee kann uns mit ihrer Laterne an eine Stelle in der Mauer führen, die bereits bröckelt, an der wir diese also ohne große Gewalt oder Furcht überwinden können. Wir brauchen nur der Fee zu folgen und dann Stein für Stein abzubauen, damit die Mauer zwischen dieser Lebensrealität und der nächsten, zwischen unserer Liebe und unserem Leben, immer durchlässiger wird. Die Aufgabe der Fee besteht darin, uns über die Barriere hinwegzuhelfen. Vertrauen wir uns ihrer Führung an!

Die LATERNENFEE spricht

"Du bist vielleicht schon einmal gewarnt worden, dass du nicht Informationen aus jeder Quelle vertrauen solltest, und das stimmt auch. Ich halte nur die Laterne hoch, die ich trage, und lasse dich das wahrscheinliche Ergebnis der Entscheidungen, die du triffst, erkennen. Außerdem biete ich dir eine klare Lösung deines Problems an. Etwas ging zu Ende – wahrhaft zu Ende, und du bist an die sprichwörtliche Mauer gestoßen. Jetzt kannst du versuchen, darunter zu graben oder darüberzuklettern. Oder du könntest die Mauer Stein um Stein abtragen. Wenn du mir aber folgst, zeige ich dir die Stelle, wo die Mauer schon so schadhaft ist, dass du sie ohne Schmerzen überwinden kannst. Das hat nichts mit Mogeln zu tun; die Arbeit liegt immer noch bei dir. Du kannst dich mir anvertrauen. Ich führe dich sicher, sanft und genau. Ich möchte dich nicht in die Irre führen, sondern den Weg für dich freiräumen und hell erleuchten. Es liegt an dir, wie schwer du dir die Überwindung deiner Mauer machen willst. Ich führe dich gern. Vertrau mir."

Botschaft an Ratsuchende

Ein möglicher Weg, eine große Herausforderung zu meistern, eröffnet sich Ihnen. Alte, sture und festgefahrene Denkweisen lassen sich jetzt ändern, alte Muster Stück für Stück erneuern. Das erfordert allerdings Vertrauen. Die Grenze, an die Sie stoßen, erweist sich als Barriere, die Sie isoliert, statt Sie zu schützen. Vertrauen Sie dem Licht auf Ihrem Weg, und lassen Sie sich zu wahrer Liebe, Güte und Freiheit führen. Vermeiden Sie dagegen alles aus Wut, Hass, Schuld und Schadenfreude Geborene.

Karte 25

Abwasser-Meerjungfrau

Botschaft: Deine Sinnlichkeit ist schön

◎◎◎

Zur ABWASSER-MEERJUNGFRAU

Wenn die ABWASSER-MEERJUNGFRAU herbeigeschwommen kommt, dann will sie uns an all die Schätze erinnern, die wir vielleicht als "schlecht" verurteilt oder sogar unterdrückt und verdrängt haben. Wir hegen über uns selbst oft negative Empfindungen – dass wir zu klein, zu groß, zu dick, zu flachbrüstig, nicht hübsch genug seien. Wir sprechen abwertend über uns selbst und haben das Gefühl, wir seien nicht gut genug. An diesem Punkt kann es geschehen, dass wir negative Erfahrungen, Blockaden und Schwierigkeiten erst selbst erschaffen. Aus Angst vor Ablehnung lehnen wir Menschen ab, statt auf sie zuzugehen. Aus Furcht, dass andere uns für nicht gut genug befinden, verstecken wir uns. Aber diese Meerjungfrau der verborgenen und unterirdischen Räume möchte uns zeigen, dass wir in Wahrheit große Schönheit besitzen. Alles, was wir sind, wenn wir unser Ich offen zeigen, ist perfekt und wahr. Die ABWASSER-MEERJUNGFRAU wartet nur darauf, dass wir bereit sind, sie zu empfangen und unsere Schönheit zu erkennen. Dann befreit sie uns von allem schädlichen, negativen Ballast und all dem "Abwasser". Wir können dann beginnen, daran zu glauben, dass wir ungeachtet aller Äußerlichkeiten gesunde, attraktive und schöne Geschöpfe sind, die Liebe und Zuneigung verdienen – wie die ABWASSER-MEERJUNG-FRAU selbst.

Die ABWASSER-MEERJUNGFRAU spricht

"Ich möchte dir zeigen, wie du an dich selbst glauben kannst – daran, dass du attraktiv und schön bist, dass du Liebe und Respekt verdienst. Ich will dir zeigen, dass dein Körper als ein Ort der Gesundheit, des Entzückens und der Kraft empfunden werden kann und soll – egal, was man dir erzählt hat, egal, was du dir selbst einredest. Lass uns reinen Tisch machen und uns alle Aspekte des körperlichen Ichs wieder lieben lernen. Lass uns nicht den eigenen Körper hassen und kritisieren. Egal, wie dünn oder wie dick: Wir alle sind ein einzigartiger Ausdruck des Göttlichen, auch du. Schäme dich nicht, sondern sei dankbar für das, was du hast, und feiere dich mit all deinen Eigenheiten und Unterschieden."

Botschaft an Ratsuchende

Ein Teil von Ihnen, der ganz natürlich schön ist – sehr wahrscheinlich ein körperlicher Aspekt – war negativen Vorstellungen über seine Wertlosigkeit, Krankheit oder Schmutzigkeit ausgesetzt. Daher war dieser Teil gezwungen, in einem wenig förderlichen Zustand der Geringschätzung und Ablehnung zu existieren. Höchste Zeit, etwas Besseres daraus zu machen – nicht aus Ihrem Aussehen, sondern aus der Art und Weise, wie Sie über sich selbst denken! Sie haben etwas sehr Schönes sehr schlecht behandelt. Nun liegt es bei Ihnen, Ihre Vorstellungen und Gedanken umzuformen und sich selbst, Ihren Körper, Ihren Wert sowie Ihre Wirkung auf andere neu zu erfahren. Dann können Sie sich auch als jemanden sehen, der Liebe, Respekt und Rücksicht verdient.

Lassen Sie sich von dieser starken Meerjungfrau zeigen, wie Sie zu einer positiven Einstellung über Ihr Äußeres finden und den Abfall und Gestank der negativen Konditionierung unter sich lassen können. Sie sind schön und liebenswert. Und das ist die einzige Wahrheit, die Sie sich über Ihr Äußeres je anhören müssen.

Karte 26

Die drei Parzen

Botschaft: Wie man in den Wald hineinruft …

⊚⊚

Zu Den Drei Parzen

Nicht schon wieder! Viele von uns haben schon schwere Zeiten im Leben durchgemacht. Manchmal aber beeinflusst uns eine solche negative Erfahrung derart nachhaltig, dass noch Monate oder gar Jahre nach dem Ereignis physische, psychische oder spirituelle Spuren bestehen bleiben. Solange wir aber – wie Die Drei Parzen sagen – mit der Energie einer negativen Erfahrung schwingen, neigen wir dazu, aufgrund des Resonanzprinzips ganz ähnliche Erfahrungen erneut anzuziehen. Die Drei Parzen wollen uns auf dieses karmische Muster aufmerksam machen, damit wir uns damit auseinandersetzen, es verstehen und aktiv daran arbeiten können, uns von seinem Einfluss zu befreien. Es mag uns vorkommen, als seien andere für unser Schicksal verantwortlich, als würden sie die Fäden spinnen und die Ereignisse weben. Wenn sich das Gefühl einstellt, dass wir nicht die Kontrolle über die Ereignisse in unserem Leben haben, es aber doch voll und ganz selbst in der Hand haben, wie wir darauf reagieren, dann zeichnet sich ein von Intelligenz und Reife geleitetes Lebensverständnis ab. Mit den Energien der Karte – Schicksal, Fügung und Glück – und ihrem sich beständig drehenden Karmarad verstehen wir, dass das Schicksal unaufhörlich neue Wendungen einschlägt und unser Leben bestimmte Themenkreise immer wieder von neuem durchläuft. Besonders wenn diese Karte wie versehentlich aus dem Deck "herausspringt", wissen wir, dass uns ein altes Muster wieder einmal eingeholt hat.

Die DREI PARZEN sprechen

"Schon wieder ist sie da! Die Situation, die Person, die Lektion, die du noch lernen musst und die du vielleicht dein ganzes Leben lang lernen wirst. Es scheint, ob bräuchtest du eine kosmische Erinnerung an etwas, das geklärt und gemeistert werden will. Es hinter sich zu lassen, ist im Moment die oberste Devise. Wir würden nie vorschlagen, es einfach zu vergessen – aber wir legen dir nahe, dass du lernst, die Erfahrung aktiv durch andere, Glück verheißendere Versionen desselben Themas zu überschreiben. Nie wieder dieselbe alte Wiederholung! Dies ist die Gelegenheit, etwas Neues auszuprobieren und zu erkennen, wie magisch sich alles verändert, sobald du nur anders an das Thema herangehst. Sich weiter in den alten Reaktionsmustern zu bewegen, wird nur immer wieder und wieder dieselben Probleme heraufbeschwören. Lerne, dich von dem Teil des Musters zu lösen, das wie ein ungerechtes Schicksal erscheint."

Botschaft an Ratsuchende

Möglicherweise haben Sie sich in letzter Zeit alten Wiederholungen Ihres Lebens hingegeben und traurigen, bittersüßen und nostalgischen Erinnerungen der "guten alten Zeit" nachgehangen. Es ist auch völlig in Ordnung, sich zu erinnern; die Vergangenheit soll gewürdigt werden. Doch eine ganz andere Sache ist es, voller Reue und Bedauern an bestimmten Ereignissen zu hängen. Das Leben ist ein ständiges Angebot, Dinge zu ändern und zu erneuern. Jede Sekunde bietet sich Ihnen eine neue Chance. Nehmen Sie also die Gelegenheit wahr, Dinge zu klären und heilen zu lassen, anstatt sich immer wieder dasselbe vorzuwerfen. Sie können es jetzt anders machen. Was Sie erfahren und getan haben, kann – auch wenn Sie es als Fehler betrachten – doch immer wieder aufgearbeitet und für Lernzwecke genutzt werden. Und Sie sind damit ganz und gar nicht allein. Uns alle beschäftigen karmische Lektionen und Erfahrungen, die sich ständig zu wiederholen scheinen. Betrachten Sie alles, was auf Sie zukommt, als schicksalhafte Gelegenheit, das Leben ein kleines Stück besser zu meistern. Nur so können Sie vom Leben lernen und frei und weise werden.

Seltsamer Valentinsgruß

Botschaft: Liebe ist sonderbar

⊚⊚

Zum SELTSAMEN VALENTINSGRUSS

Die Liebe kommt nicht immer in der Gestalt, in der wir sie erwartet haben. Zum Glück! Denn gerade im Sonderbaren, nicht Alltäglichen finden wir oft die schönste Form der Liebe – so wie dieses merkwürdige, liebenswerte kleine Paar. Wenn uns der SELTSAME VALENTINSGRUSS erreicht, dann erwarten uns Liebe, Romantik und Freundschaft aus einer ungewöhnlichen und unerwarteten Richtung. Lassen wir uns nicht von äußerlichen Unterschieden abschrecken – gerade sie können uns wie sonst nichts im Leben zusammenschweißen. Und wer sich besonders zart und zerbrechlich fühlt, für den kann ein so starker Beschützer wie der freundliche Yeti auf der Karte genau der Richtige sein!

Das Paar des SELTSAMEN VALENTINSGRUSSES spricht

"Du profitierst zurzeit von einem gewaltigen Maß an kosmischer Hilfe, die sich geballt in deinem Liebesleben niederschlägt. Bald schon wird es richtig gute Nachrichten über eine Beziehung geben. Auch wirst du gute Fortschritte bei der Heilung alter Wunden aus vergangenen Beziehungen machen, besonders solchen, die langfristiger und ernsthafter Natur waren. Gib dir bitte selbst die Chance, diese Lektionen vollständig auszukosten. Es wird dir helfen, da du kurz vor einer neuen Phase deines Liebeslebens stehst, in der du ein wunderbares und dauerhaftes Glück für dich aufbauen kannst. Bald … sehr bald!"

Botschaft an Ratsuchende

Sie erleben möglicherweise einen wahren Schub an emotionaler Energie und sehen sich einem romantischen Neuanfang gegenüber. Es ist sehr wahrscheinlich, dass Sie jemandem begegnen werden, der oder die vergessen geglaubte Gefühle in Ihnen weckt, aber äußerlich nicht so Ihr "Typ" zu sein scheint. Hurra! Greifen Sie zu! Sie werden sich stark, bewusst und dynamisch fühlen wie noch nie – außerdem schwach vor Entzücken. Wunderbare Neuigkeiten! Liebe ist sonderbar und wundervoll zugleich.

Karte 28

Der Tod und das Mädchen

Botschaft: Vereinnahmung · Grenzüberschreitung Dominanz

◎◎

Zur Karte DER TOD UND DAS MÄDCHEN

Ein Skelett beugt sich lüstern über ein nacktes junges Mädchen und hat offenbar keine Ahnung, wie sehr sein Übergriff die Schöne ängstigt. Es hat keinerlei Interesse an ihrer Reaktion, ihrer Lebenswirklichkeit oder ihren Bedürfnissen. Das Skelett steht für den wahrhaften Tod – das unbarmherzige Ego – und respektiert keinerlei Intimsphäre. Die junge Frau wendet sich zitternd ab, während die unerwünschte Hand sie berührt.

Der TOD spricht

"Ich habe viele Bedürfnisse. Ich hungere nach Lebenskraft. Ich muss diesem Mädchen nahe sein, denn es hat alles, nach dem ich mich sehne und das ich nicht selbst erschaffen kann. Ich nehme mir einfach von ihr, was ich will: ihre Wärme, ihre Energie, ihr Gefühl und ihre Schönheit. Sie wird zu einer Verlängerung meiner selbst. Was ich will, das nehme ich mir. Und ich liebe sie. Sehr sogar. So sehr, dass ich sie noch ganz verschlinge."

Das MÄDCHEN spricht

"Ich dachte, es sei Liebe, aber jetzt spüre und erkenne ich, dass es nur Übergriffigkeit ist. Er sagt, er liebe mich, und doch will er nur von mir nehmen. Es fühlt sich nicht gut an, ich fühle mich hilflos und verwundbar. Was kann ich tun? Wie soll ich mich befreien? Und wenn er nun doch die Wahrheit sagt und mich liebt? Dann hätte ich völlig grundlos Angst gehabt …"

Botschaft an Ratsuchende

Zurzeit besteht eine höchst ungleichgewichtige Beziehung zwischen Ihnen und einer anderen Person. Eventuell sind Sie der Tod, der sich zu viel vom anderen nimmt und ihn vereinnahmt, ohne etwas davon zu bemerken – blind wie das Skelett. Oder Sie sind das Mädchen, das sich nicht gegen den anderen, der Sie zu lieben behauptet, aber doch nur dominiert und aussaugt, behaupten kann. Vielleicht haben das Drama und die Aufregung dieser Beziehung voller Höhen und Tiefen Sie angezogen, doch nun entdecken Sie, wie erschöpfend sie sich gestaltet. Zeit, die Wahrheit über Ihre Beziehung zu erkennen und Schritte hin zu einer sichereren, geschützteren und respektvolleren Lebensweise zu unternehmen. Versuchen Sie jedoch nicht, den Tod über seine Probleme aufzuklären; das wird ihn nur noch heftiger die Grenzen übertreten lassen und ihn davon überzeugen, dass Sie das Problem haben und nicht er. Vielleicht haben Sie Angst davor, was er tun wird, wenn Sie sich von ihm trennen, denn er kann rachsüchtig und bösartig werden. Doch Ihre Freiheit ist diesen Versuch der Trennung ganz sicher wert. Fragen Sie sich aufrichtig: "Tut mir diese Beziehung gut?" Wenn die Antwort "nein" lautet, dann müssen Sie gehen.

Karte 29

Grabesstille

Botschaft: Jemand fehlt dir

◎◉◎

Zur GRABESSTILLE

Die trauernde junge Frau vermisst jemanden sehr und erfährt vielleicht zum ersten Mal im Leben, was es heißt, einen anderen Menschen zu verlieren. So ein Verlust fühlt sich an wie körperlicher Schmerz, und unser Herz kann dabei tatsächlich brechen, denn wir Menschen haben eine im Universum unvergleichliche Gabe zur Verbindung: Wenn wir jemandem in tiefer Liebe verbunden sind, dann kann diese Liebe weiter bestehen, selbst wenn der Körper des geliebten Menschen nicht länger bei uns ist. Wenn diese Karte erscheint, dann sollten wir uns eingestehen, wie sehr wir uns nach jemandes Rückkehr gesehnt haben und wie tief uns dieser Verlust getroffen hat. Dabei kann es ebenso um einen Liebespartner gehen wie um eine gute Freundin, einen Eltern- oder Großelternteil oder um ein geliebtes Haustier. Die tiefe Trauer, die uns erfasst, kann nicht gelindert werden, indem wir sie verleugnen! Wurde sie aber einmal anerkannt, können wir unseren Verlust leichter zur Ruhe betten und ihm vielleicht noch gelegentlich einen Besuch abstatten. Auf jeden Fall brauchen wir das Gefühl, aufrichtig uns selbst gegenüber gewesen zu sein, damit unsere Trauer, anstatt zu schmerzen, zu einem Teil der Schönheit in unserem Leben werden kann.

Die GRABESSTILLE spricht

"Es ist an der Zeit, etwas oder jemanden loszulassen. Doch vorher würdige noch ausführlich das, was es oder er dir bedeutet hat, und mache dir bewusst, dass das sehr wichtig war. Nur indem du es der Vergangenheit überantwortest, anstatt es in der Gegenwart vergeblich herbeizusehnen, schaffst du dir eine Zukunft in Freiheit. Es gibt immer und überall Gelegenheit für einen Neuanfang. In gewissem Sinn schenkt dir jeder Tag ein unbeschriebenes Blatt. Nach der Zeit der Trauer ist diese Chance von größter Bedeutung für dich. Du musst dich davon überzeugen, dass etwas zur Ruhe gebettet wurde und die Gegenwart nicht mehr bremsen kann. Bei dir werden neue Beziehungen und eine neue Liebe blühen und gedeihen, nachdem du diese verlorene angemessen betrauert hast."

Botschaft an Ratsuchende

Sentimental und äußerst hinderlich ist es, beständig an der Vergangenheit festzuhalten und sie zu idealisieren, sich zu weigern und daran zu hindern, über eine beendete Beziehung zu einem Partner oder Freund, über einen Umzug, die Scheidung der Eltern oder auch den Tod eines geliebten Wesens hinwegzukommen. Trauern Sie aufrichtig um das, was war, und erkennen Sie, dass die Trauer – je tiefer sie gefühlt wird, desto mehr – auch von großem Wert ist. Es ist dennoch an der Zeit, all dies nun hinter sich zu lassen! Wenn diese Karte auftaucht, ist die Arbeit mit dem Element Erde sehr förderlich. Vielleicht pflanzen Sie einen Baum zum Gedenken an die verlorene Liebe; etwas, das in der Erde heranwächst und dem Wandel der Erde unterworfen ist. Mit dessen Wachstum können auch Sie Ihre Verletzung heilen und süße Erinnerungen statt bitterem Schmerz zurückbehalten. Die Erde verleiht Formen und verändert sie auch; sie gibt uns in neuer Form wieder, was wir losgelassen haben. Klammern Sie sich nicht länger an längst Vergangenem fest. Trauern Sie tief und in Würde, und kommen Sie dann bereit zum Weiterleben zu uns zurück.

Karte 30

Zwei kleine Hexen

Botschaft: Magische Raumreinigung

Zu den ZWEI KLEINEN HEXEN

Aus den Schatten tauchen die ZWEI KLEINEN HEXEN auf, ganz ernst und schweigsam. Sie starren uns aus klaren grünblauen Augen an und bereiten uns auf die Magie vor, die sie mit ihrem Besen gleich an uns weiterreichen wollen. Welches Geheimnis steckt hinter dem Besen? Er kann alle alten, abgestandenen Energien fortfegen, die sich im Moment angestaut haben. Nehmen wir den Besen an, und staunen wir, was er alles von ganz allein aus unserem Haus und Heim vertreibt! Alles, was sich in den Ecken und unter den Schränken unserer Häuser und Seelen angesammelt hat, fegt er gegen den Uhrzeigersinn hinaus – nach dem traditionellen Ritual zur Reinigung von Energien. (Auf der nördlichen Halbkugel geht es gegen den Uhrzeigersinn, auf der südlichen Hemisphäre hingegen im Uhrzeigersinn, denn es geht um das Bedeutungselement "gegen die Sonne".) Danach klatschen die ZWEI KLEINEN HEXEN dreimal in die Hände, und der Besen fliegt zurück in ihre Arme, damit sie das nächste Heim damit ausfegen können. Womit wollen wir nun den neu entstandenen leeren Raum in unserem Leben füllen? Es liegt an uns …

Die ZWEI KLEINEN HEXEN sprechen

"Von innen heraus, aus der Tiefe befreien wir diesen Ort von Sorgen und Lärm. Alles muss weichen und diesen Ort zu einem fröhlichen Heim machen! Wir Wesen aus dem Zwischenreich säubern unermüdlich, bis die Energie erneuert ist. Wir lassen alles hell und klar und leer zurück und fordern dafür keinen Lohn. Doch wünschen wir dir, dass du nur noch wahren Segen allein hereinlässt."

Botschaft an Ratsuchende

Wie wäre es mit einer spirituellen Haus- oder Wohnungsreinigung, etwa durch Räucherwerk und am besten gefolgt von einer Haussegnung? Wenn die ZWEI KLEINEN HEXEN mit ihrem Besen auftauchen, dann ist zumindest Umräumen angesagt – in der Wohnung oder zumindest in einem Zimmer – oder auch gleich ein ganzer Umzug. Wenn schwerwiegende Gründe gegen den Wechsel sprechen, befriedigen Sie die Hexen zumindest durch symbolische Gesten, etwa durch das Umstellen der Schränke oder durch ein gründliches Ausmisten im Haus. Bei diesen Gelegenheiten entdecken Sie nämlich ganz sicher Dinge, an denen Sie sinnlos festgehalten haben und die nur unnötigen Ballast darstellen. Raus damit! Mehr Platz für Sie!

Karte 31

Dame mit dem Bosch-Ei

Botschaft: Uralte Weisheit

◉◉

Zur Dame mit dem Bosch-Ei

Die DAME MIT DEM BOSCH-EI gehört zu den wenigen Auserwählten, die uraltes esoterisches Wissen bewahren und geheim halten sollten. In allen noch so bewegten Zeiten gab es immer besonders mutige Wesen, die dafür sorgten, dass bestimmtes heiliges Wissen nicht verloren ging. Selbst wenn die Welt draußen in Flammen steht, wenn Kriege die Städte zerstören und Katastrophen über die Menschheit hereinbrechen – immer wird es die tapferen Seelen geben, die das Wissen, für welches das Bosch-Ei steht, an sich nehmen, tarnen und in Sicherheit bringen, damit wir alle später, wenn die Welt einmal so weit ist, davon lernen können.

Die Dame mit dem Bosch-Ei spricht

"Meine Stadt steht in Flammen, und der Nachthimmel ist erfüllt von Rauch und Schreien. Ich habe alles getan, um diesen Schatz aus der geheiligten Bibliothek zu schützen. Ich werde ihn bewahren und dafür sorgen, dass diese Wahrheiten für die Zukunft am Leben bleiben. Ich hoffe, du verstehst etwas von der Geschichte des Wissens, nach dem dich dürstet, und respektierst und würdigst die Freiheiten deiner Zeit. Vielleicht findest auch du eines Tages mein Ei und wirst auserwählt als der- oder diejenige, die das Wissen weitergibt, welches andere längst verloren glaubten. Oder vielleicht wirst auch du zum Wächter der Weisheit; in diesem Fall wisse, wann du zu schweigen hast und welche Geheimnisse zur rechten Zeit gelüftet werden sollen. Ich bringe dir die Symbole der Alchemisten, die Geheimnisse der Gnostiker und die Weisheit der Magier, Hexen und Kräuterkundigen ... all jene ruhen derzeit in meinem Ei."

Botschaft an Ratsuchende

Sie haben vielleicht gerade das Gefühl, Kenntnisse aus unbekannten Quellen zu erlangen. Das kann sich recht düster anfühlen, denn solche Botschaften stammen oft aus Zeiten, in denen Mystiker und Wissende unterdrückt und bestraft wurden. Beschäftigen Sie sich mit dem Mittelalter und der Renaissance, und werden Sie sich darüber klar, dass dieses Wissen Sie als äußerst privilegiertes Geschöpf in sehr glücklichen Zeiten erreicht hat. Bewahren Sie es gut. Lernen Sie auf allen Gebieten, wie esoterischer Zeichenkunde, Magie und Spiritualität – aber überlegen Sie, ob Sie dieses Wissen nicht besser für sich behalten.

Karte 32

Meerestosen

Botschaft: Ruhe im Chaos

Zum MEERESTOSEN

Auch wenn das Meer tobt, die Blitze zucken, der Sturm heult und immer noch kein Land in Sicht ist, folgt das Geschöpf des MEERESTOSENS nur seiner eigenen Intuition. Es weiß, wie es nach Hause kommt. Blitze können ihm nichts anhaben, und es ermattet nicht, bis es das Land erreicht. Wie in Trance richtet es sich auf seinem Weg ganz nach seinem inneren Wissen. Das Wesen kommt aus Atlantis, dessen Bewohner Dinge taten, die zu der Zerstörung des Kontinents führten. Es weiß, wie Anmaßung zum Fall führen kann, und hat es seine neue Heimat gefunden, wird es diese Fehler vermeiden.

Das MEERESTOSEN spricht

"Du stehst mitten in einem gewaltigen Sturm emotionalen Dramas. Die Welt, die du kennst, verändert sich – und sei es auch auf kaum merkliche Weise. Hinter dir liegt Zerstörung, und du hast sie hinter dir gelassen, doch nun suchst du nach einer neuen Heimat. Du wirst sie finden, wenn du dich deinem inneren Wissen zuwendest und dich von ihm führen lässt. Du kannst es, du kannst ohne Land oder Rettung in Sicht bis in deine neue Heimat finden, indem du nur darauf vertraust, dass es dir gelingt."

Botschaft an Ratsuchende

Sie erleben eine Zeit der Umwälzung und Veränderung, aber wenn Sie auf Ihre innere Stimme hören und dem Radar folgen, das in Ihre Zellen eingebaut ist, dann finden Sie auch sicher Ihren Weg durchs Chaos. Die alte Welt ist untergegangen, eine neue muss noch gefunden werden. Die Reise geht noch eine ganze Weile weiter, aber verlieren Sie nicht den Mut und das Vertrauen in Ihren inneren Kompass. Hören Sie gut hin, und folgen Sie ihm. Sie sind viel anpassungsfähiger, flexibler und überlebensfähiger, als Sie denken. Ein vergessenes Interesse an den Zivilisationen von Atlantis oder Lemurien oder Erinnerungen an diese versunkenen Reiche könnten sich melden.

Karte 33

Kleid der Alchemie

Botschaft: Entfessle deine Macht

Zum KLEID DER ALCHEMIE

Wenn sich uns dieses entschlossene Wesen zeigt, stehen uns starke, mächtige Energien zur Verfügung, die lebensverändernd wirken können. Mit ihnen kommt eine große Verantwortung. Denn die eigenen Energiefelder werden von manchen Menschen mit Unzufriedenheit und Schuld überlagert, sodass nur schädliche Kräfte übrig bleiben. Dieses Geschöpf zeigt uns, dass es möglich ist, sich zutiefst und aufrichtig zu wandeln und zu einer starken, gesunden und machtvollen Persönlichkeit zu werden, die verantwortungsvoll mit den eigenen beachtlichen Energiereserven umgeht. Es versteht diese Verantwortung und hat hart und sehr diszipliniert daran gearbeitet, etwas erschaffen zu können.

Das KLEID DER ALCHEMIE spricht

"Du solltest dich jetzt so feiern, wie du wirklich bist, und akzeptieren, dass es einigen energetischen Ballast zu klären gibt. Wenn du das tust, erstrahlt das Gold deiner Persönlichkeit so, wie die alchemistischen Zeichen auf meinem Kleid erstrahlen. In dieser neuen Energie kannst du dich nicht mehr vor deinem wahren Wesen verstecken. Wie du siehst, trage auch ich keinen Umhang, sondern enthülle all meine Magie. Die Geheimnisse und Weisheiten aller Zeitalter werden öffentlich gemacht wie noch zu keiner Zeit zuvor. Und wenn du dein Energiefeld von Schuld, Furcht und Neid gereinigt hast, dann wirst auch du wieder hell erstrahlen."

Botschaft an Ratsuchende

Bitte klären Sie Ihr persönliches Energiefeld sorgfältig, und reinigen Sie es von Neid, Angst und Schuldgefühlen. Sobald alles klar ist, holen Sie sich starke, mächtige und gesunde Energien in Ihr Feld. Danach werden sich Ihnen Symbole und Zeichen offenbaren. Bleiben Sie stark und rein, und folgen Sie den Zeichen. Wenn Sie Liebe, Mut und Weisheit leben, dann ziehen Sie auch die richtigen Zeichen an, die Sie nicht in die Irre führen werden. Rechnen Sie nach dem Ziehen dieser Karte auf jeden Fall mit Veränderungen: Situationen und Beziehungen, die auf Egozentrik basieren und schädliche Energien ausstrahlen, fallen wie von selbst weg und Sie können Ihren Wert beweisen. Sinnvolle Eigenliebe in Aktion!

Gesichtslose Geister und Spukopfer

Botschaft: Geisterwesen

⊚⊚

Zu GESICHTSLOSE GEISTER UND SPUKOPFER

Auf dieser Karte bedrängen zwei maskierte Geister ein reizendes junges Mädchen. Es kann die Anwesenheit der beiden deutlich spüren, und es weiß, wer sie sind: die gesichtslosen Wesen ohne eigene Züge, die das Aussehen derer in ihrer Umgebung annehmen. Sie tragen Masken und nehmen immer neue Identitäten an, ohne das eigene Bedürfnis, zu wachsen und zu lernen, zur Kenntnis zu nehmen. Daher holen sie sich Energie von denen, die stark, schön und real sind. So verlangen sie nach der Energie ihres Opfers ebenso wie auch nach unserer. Doch haben wir keine Furcht! Das Mädchen weiß, wie auch wir wissen sollten, dass sie nicht das sind, was sie vorgeben zu sein, und dass es auf dieser Welt sehr viele von ihnen gibt.

Das SPUKOPFER spricht

"Die gesichtslosen Geister kommen zu mir und wollen das ausnutzen, was sie als meine Schwäche betrachten. Doch ich fürchte sie nicht, denn ich weiß, sie sind leer und formlos und stehlen ihre Energie nur von anderen. Ich weiß, wer ich bin, und ich kann sehen, dass sie es nicht wissen. Sie sind nur verirrte Geister, die andere berauben. Ich bin vielleicht im Moment nicht die Stärkste, aber ich bin immer noch stärker, als sie je sein werden. Die werden mich nicht berauben, denn ich werde sie nicht gewähren lassen. Ich wünsche ihnen nichts Schlechtes, gebe ihnen aber auch nichts von meiner Kraft. Dasselbe solltest du tun."

Botschaft an Ratsuchende

Möglicherweise sind Menschen an Sie herangetreten, die Sie für ihre Sache gewinnen wollen. Sie gaben vor, Experten zu sein, und fühlen sich mental stark in einer Gruppe, der Sie sich, ungeachtet Ihrer Vorbehalte, nun auch anschließen sollen. Entweder haben diese Leute keine gut ausgebildeten eigenen Identitäten, oder sie übernehmen zu rasch und kritiklos Glaubenssysteme von anderen, die ihnen mächtiger erscheinen. Nehmen Sie Ihre Zweifel an solchen Glaubenssystemen ernst, die Ihnen leer und gesichtslos erscheinen und einen Mangel an Menschlichkeit und Freude erkennen lassen. Es ist klug, auf Abstand zu bleiben und darauf zu warten, dass die Gesichtslosen sich zu erkennen geben. Sie zeigen ihre wahre Natur, wenn jemand Mächtigeres kommt, an dessen Energien sie sich als Nächstes hängen wollen. Sie sind wie weißes Papier, beschrieben von der erstbesten Hand, die sich seiner annimmt. So sind Sie aber nicht. Zeigen Sie der Welt Ihr eigenes Profil, anstatt sich andere anzueignen. Lassen Sie Ihr Gesicht nicht kopieren!

Gewitterengel

*Botschaft: Kollision von Glaubenssätzen,
Einstellungen und Stilen*

Zum GEWITTERENGEL

Dieser berückende Engel ist in ein Gewitter gekleidet. Die Energie um ihn herum zischt und brodelt, doch er selbst bleibt unversehrt. Nun ist es an uns selbst, mit der Energie um uns herum fertig zu werden, ohne unsere eigene zu gefährden. Der Engel erscheint, wenn starke unterschiedliche Energien aufeinandertreffen: wenn Absichten auseinanderklaffen, wenn Techniken Welten trennen und wenn unvereinbare Glaubenssysteme kollidieren.

Der GEWITTERENGEL spricht

"An Unterschieden gibt es nichts auszusetzen, und Vielfalt ist etwas Wunderbares. Schatten und Licht sind beide wunderschön und notwendig – und sie können harmonisch nebeneinander existieren. Aber bestimmte Unterschiede lassen sich nur schwer vereinbaren und können sich wie Öl und Wasser niemals vermischen. Ich bringe die Veränderung – und für einige wird sie einfach, leicht und fließend sein, für andere wiederum dramatisch, ungezähmt, wild und aufgeladen wie ein Gewitter. Ich erscheine, wenn Energieformen aufeinanderprallen, und ich bin da, um das Alte zu verbrennen und eine klare, frische Schwingung entstehen zu lassen. Das Gute an solch einer Kollision ist, dass du zwar aus der Komfortzone herausgelockt wirst, aber dabei auch erst merkst, wie viel sich schon verändert hat und wie weit du gekommen bist. Die Resultate sind den Druck durchaus wert – vertrau mir! Du sollst wissen, dass Spannungen unter Menschen normal und natürlich sind, auch dass viele unter Druck immer stärker an ihrem Glauben festhalten. Das Einzige, was du tun kannst, ist, integer zu bleiben. Bleib bei der Wahrheit – und steh zu ihr."

Botschaft an Ratsuchende

Im Moment leiden Sie vielleicht unter Streit, Ärger und Konflikten. Doch lang aufgestaute Energien werden plötzlich frei und lassen Sie die Wahrheit über eine Situation erkennen – niemand kann lügen, wenn dieser Engel am Werk ist! Lügen, Betrug und Manipulation werden entlarvt. Bei dem GEWITTERENGEL ist das Wichtigste für Sie, die Wahrheit zu sagen und mit Anstand zu handeln, denn bald schon wird alles Verborgene in seinem grell strahlenden Licht zum Vorschein kommen.

Karte 36

Heilerin gebrochener Herzen

Botschaft: Heilung vom Liebeskummer

⊚⊚⊚

Zur HEILERIN GEBROCHENER HERZEN

Hier kommt sie nun, sammelt die wunden Stücke unseres Herzens ein und klebt ein süßes Pflaster auf die schlimmsten Stellen. Diese eine liebevolle Geste heilt uns besser als hundert Jahre Psychotherapie es jemals könnten. Kleine Zeichen des Beistands erwarten uns von freundlichen Mitmenschen, und wir sollten wissen, dass es diese Freundschaftsgaben sind, die uns in dieser schweren Zeit am meisten helfen. Lassen wir uns sanft verwöhnen, trösten und drücken. Akzeptieren wir diese Zeit als eine Phase, in der wir Unterstützung annehmen dürfen und sollen! Die durch die Heilerin erfahrene, langsame Besserung dürfen wir nicht aufs Spiel setzen, indem wir alles nur schnell hinter uns bringen wollen.

Die HEILERIN GEBROCHENER HERZEN spricht

"Du wurdest verletzt, und ich erkenne dein Herz als verwundet. Vielleicht gab es einen Streit unter Liebenden, oder es geht um unerwiderte Liebe, vielleicht um eine Trennung oder eine Enttäuschung. Nun bin ich hier und helfe dir, damit dein gebrochenes Herz nicht bluten muss. Ich werde es waschen (Reinigung), heilen (Gleichgewicht) und ein Pflaster über die Wunde kleben (Schutz) – dann kann ein Heilprozess beginnen, der dir tiefen, ruhevollen Schlaf und Frieden schenkt. Auf dem Pfad der Liebe solltest du dich fürs Erste zurückhalten. Bald wird deine Lebenskraft zurückkehren. Doch erst einmal ruh dich gut aus!"

Botschaft an Ratsuchende

Bei Liebeskummer ist es besonders wichtig, dass Sie gut zu sich sind: Nehmen Sie sich eine Auszeit von all den Pflichten, die Sie sonst erfüllen müssen. Kuscheln Sie sich mit einem alten Film aufs Sofa, und lassen Sie den Tränen ruhig freien Lauf. Nehmen Sie ein langes heißes Bad. Lassen Sie vor allem die Menschen an sich heran, die Ihrer Zuneigung würdig sind. Sie sind ein sensibles und zartes Wesen, was andere nicht immer richtig anerkennen. Jetzt ist nicht die Zeit für harte Worte. Gönnen Sie sich selbst Trost, und nehmen Sie ihn von anderen an: weiche Decken, süße Träume, duftende Schaumbäder ... Dann kann die HEILERIN GEBROCHENER HERZEN herbeifliegen und Sie trösten, Sie werden ihre Anwesenheit genau spüren, und sie wird den Schmerz lindern!

Karte 37

Zuckerstangen-Engel

Botschaft: Gönn dir 'was

◎◎

Zum ZUCKERSTANGEN-ENGEL

Der ZUCKERSTANGEN-ENGEL möchte uns mitteilen, dass es Zeit für ein wenig Luxus ist, um uns mit unserem Selbstwertgefühl und unserem Sinn für Eigenliebe in Verbindung zu bringen. Auch dieses ernste und fleißige Mädchen gönnt sich nicht allzu oft selbst etwas Besonderes. Doch seine Botschaft ist klar: Spaß ist angesagt!

Der ZUCKERSTANGEN-ENGEL spricht

"Weißt du, was mein Problem ist? Und was auch dein Problem ist? Nein? Ich verrate es dir: Unser Problem ist, dass wir uns schuldig fühlen, wenn wir uns selbst etwas Schönes gönnen. Siehst du die Zuckerstange in meiner Hand? Die ist doch wohl kaum etwas Böses, oder? Ich aber kann sie nicht einfach in den Mund stecken und die süße Köstlichkeit genießen. Ich muss mich stattdessen fragen, ob ich genug geleistet habe, um diese Belohnung zu verdienen. Ich zweifele daran, ob ich sie essen darf, während so viele auf dieser Welt doch gar nichts zu essen haben! Ich quäle mich mit diesen Dingen genauso herum, wie du es tust. Ich mache dir einen Vorschlag: Wenn du beim nächsten Mal überlegst, ob du dir etwas Gutes tun sollst – eine Massage, einen spirituellen Workshop, etwas Leckeres zu essen oder Zeit zum Ausruhen oder Meditieren –, dann sei dir darüber im Klaren, dass du jedes Mal, wenn du dir sagst *Ich habe keine Zeit für so etwas,* tatsächlich sagst: *Ich verdiene so etwas nicht.* Lass uns ein für alle Mal entscheiden, dass du es verdienst. Gib dir das, was du dir versagt hast – du verdienst es!"

Botschaft an Ratsuchende

Höchste Zeit für ein Leckerchen! Gönnen Sie sich das, wofür Sie eigentlich erst lange genug arbeiten oder genug Geld verdienen wollten. Tun Sie es jetzt! Diese Karte will Ihnen sagen, dass Umsicht vor dem Kauf eine gute Strategie ist, aber auf keinen Fall zum gewohnheitsmäßigen Verzicht werden darf. Zurzeit verdienen Sie zweifellos ein wenig Vergnügen, auch wenn Sie es sich gerade versagen. Der ZUCKERSTANGEN-ENGEL ist Ihnen erschienen und hat Ihnen einen Vorschlag gemacht, den Sie nicht ablehnen sollten. Also sperren Sie sich nicht länger, und machen Sie sich bereit für Spaß, Freude und Delikatessen (ob in Form von Essen, Kleidung oder Erfahrungen). Der Luxus, den Sie sich bislang nicht gönnen, steht Ihnen nicht nur zu, sondern ist auch notwendig für Ihr inneres Wachstum. Begeben Sie sich aus dem Gefühl des Mangels heraus und in den Modus der Fülle und des verdienten Genusses. Lassen Sie die *joie de vivre* wieder Einzug halten in Ihr Leben!

Karte 38

Fleischfressende Pflanzenfee

Botschaft: Ein verlockendes Angebot wird teuer

◎◎◎

Zur FLEISCHFRESSENDEN PFLANZENFEE

Achtung! Wenn diese Karte bei einer Deutung auftaucht, sehen wir uns jemanden oder etwas in unserer gegenwärtigen Situation besser ganz genau an. Diese schöne Fee führt die Menschen in Versuchung, aber das Ziel ihrer Pflanzen ist es, andere zu verschlingen und ein Entkommen auf jede erdenkliche Weise zu erschweren. Man hat uns gesagt, solche Situationen seien gute Gelegenheiten zu Wandel und persönlichem Wachstum. Doch die Wahrheit ist, dass wir diese Lektion bereits gelernt haben. Die Pflanzen in diesem leicht makabren Bild repräsentieren jemanden oder etwas, der oder das verführerisch aber bedrohlich ist. Dieses Etwas könnte uns – wie die fleischfressenden Pflanzen – sehr gefährlich werden. Vorsicht ist geboten bei Menschen, die mehr nehmen als geben, die andere bedrängen und übervorteilen, die uns ignorieren oder im Gegenteil ständig um Bestätigung und Lob betteln, dann aber feindselig werden, sobald wir es ihnen einmal vorenthalten. Die FLEISCHFRESSENDE PFLANZENFEE erscheint, um ganz klar zu zeigen, was wir vermeiden sollten.

Die FLEISCHFRESSENDE PFLANZENFEE spricht

"Bin ich nicht wunderschön? Möchtest du nicht näherkommen? Du wirst meine Schönheit zu schätzen wissen, sobald du mich wirklich erkennen kannst. Und ich werde dir natürlich nicht wehtun. Ich bin ja nur ein Mädchen … Ja, vielleicht sehe ich mit meinen Blumen tatsächlich wie ein unschuldiges Mädchen aus. Aber mein eigentliches Wesen ist so wie das ihre

– sie wollen andere verschlingen! Bevor du mir also näherkommst und mit meiner Energie arbeitest, werde dir klar darüber, dass du jemandem begegnen könntest, der Träume zerstört, der nimmt und dominiert und sich an räuberischen Aktivitäten erfreut, der kritisiert und verurteilt. Ich fresse, was ich fressen kann, und das ist alles, was mir nahekommt. Vorsicht, wenn dir dieser jemand versichert, er sei gar nicht so – wenn es in seiner wahren Natur liegt, dann wird er all diese Dinge auch unweigerlich tun. Vergiss das nicht, und versuch nicht, ihn zu verändern oder mit deiner Liebe zu 'retten'. Er wird dich fressen. Und das mit Freuden."

Botschaft an Ratsuchende

Vielleicht haben Sie es gerade mit jemandem zu tun, der grausam über andere spricht, der toxische Energie verströmt und sich ausgesprochen "berechtigt" fühlt, Geld, Zeit, Lebenskraft und Aufmerksamkeit von anderen abzuzapfen, da er unfähig ist, sie selbst zu generieren. Er gibt sich wie der König eines Hofstaats, in dem die anderen Menschen nur Bedienstete darstellen. Er benimmt sich möglicherweise sehr charmant und schlau, denn er will ja etwas von Ihnen! Er saugt anderen viel von ihrer Energie ab und kann sehr wütend werden, wenn diese sie ihm verweigern. Aus narzisstischem Antrieb heraus betrachtet er Sie als reine Quelle, als Weg, um etwas zu bekommen. Das ist traurig – noch viel trauriger aber wäre es, wenn Sie sich zu seinem Opfer machen lassen würden.

Es könnte hier um eine Person gehen, aber auch um eine Arbeitsstelle oder eine Glaubensrichtung, die zu viel von Ihnen verlangt. Auf jeden Fall bleibt die FLEISCHFRESSENDE PFLANZENFEE ein Zeichen für gefährliche Allianzen. Halten Sie Abstand! Beobachten Sie alles aus der Ferne, wenn es sich nicht umgehen lässt. Aber lassen Sie sich nicht fressen!

Karte 39

Kürbis-Uhrwerk

Botschaft: Wunderbare Idee · Geistesblitz

Zum KÜRBIS-UHRWERK

Im Innern dieses Uhrwerks erstrahlt eine helle Glühbirne – und wir sollten uns auf einen intensiven Moment gefasst machen, einen brillanten Einfall oder eine äußerst erhellende Idee! Jetzt müssen auf der Stelle Taten folgen, solange der Gedanke noch frisch ist. Er duldet keinen Aufschub mehr – dieses Aha-Erlebnis erfordert eine sofortige Ausführung und wird Fülle, Kreativität und Zufriedenheit in unser Leben bringen!

Das KÜRBIS-UHRWERK spricht

"Ich sehe vielleicht sonderbar aus, ein Kürbis mit Uhrwerk und in Begleitung eines schönen Mädchens, aber ich habe keine Zweifel: Ich bin *die* Idee, die Erleuchtung, der Moment der Klarheit, wenn das scheinbare Chaos des Lebens sich auf einmal zu einer brillanten Gelegenheit verdichtet. Dir steht ein so glorreicher Einfall bevor, dass ich dich darauf vorbereiten möchte. Vielleicht kommt er aus dir heraus, oder er wird von außen angeregt; auf jeden Fall hast du ihn mit deiner Kraft der Manifestation angezogen, und er wird dir echten Wohlstand für Körper, Verstand und Geist bringen. Jetzt ist die Zeit, deine großartigen Fähigkeiten zu aktivieren und das in jeder Beziehung reiche Wesen auszuleben, das dir in die Wiege gelegt wurde. Wir freuen uns sehr, dich gefunden zu haben. Wir haben auf die richtige Person gewartet, die diesen Geistesblitz umsetzen und der Welt zugänglich machen kann. Du bist perfekt dafür. Ob es um einen Song geht, ein Projekt, eine neue Arbeitsstelle oder eine Beziehung – die Form mag variieren, aber die

Zeit ist auf jeden Fall reif! Diese Idee in der Welt umzusetzen, ist ebenso deine kosmische Pflicht wie deine Freude und dein Glück!"

Botschaft an Ratsuchende

Ein ungeheures Aha-Erlebnis wirft seine Schatten voraus. Sie erhalten Besuch vom reinen Geist der Inspiration, der ein unglaublich wertvolles Geschenk bei Ihnen abliefern wird. Eine wahre Vision aus dem göttlichen Reich himmlischer Ideen – und Sie sind auserkoren, sie mit Leben zu füllen. Alles wird wunderbar klappen, solange Sie – wie in einem Uhrwerk – präzise einen Schritt nach dem anderen ausführen. Dennoch ist dieser neue Gedanke nicht mechanischer Art. Er ist die Verkörperung reinen Genies. Nicht vergessen: Thomas Edison *träumte* zuerst von der Glühbirne. Zweifeln Sie also auf keinen Fall an Ihrer Intuition, wenn dieser wundervolle Geistesblitz Sie trifft.

Karte 40

Botschaft: Zu viel Arbeit

◎◎

Zum ENGEL DER ZEIT

Der ENGEL DER ZEIT sieht so streng drein, weil wir seine Nachricht unbedingt hören und beachten müssen. Käme er als sanfte Erscheinung, wäre es zu einfach, seine Botschaft zu ignorieren und so zu tun, als sei er niemals zu uns gekommen. In Wahrheit überfordern wir uns gerade und überschreiten unsere Energiegrenzen, wir arbeiten viel zu viel und haben viel zu selten Verbindung zum Universum. Also möchte der Engel uns daran erinnern, was wir gerade aus unserem Leben machen: eine riesige Maschine, in der wir nur noch ein kleines Rädchen sind. Wir alle sind bedeutende und seelenvolle Wesen, die sich selbst wertschätzen sollten, statt Raubbau mit ihren Ressourcen zu betreiben. Die Berufswelt wird nicht untergehen, wenn wir uns vorübergehend einen Schritt von ihr und ihren Mechanismen entfernen. "Zeit für eine Auszeit" – hören wir auf den Engel!

Der ENGEL DER ZEIT spricht

"Jemand muss einmal Klartext mit dir reden. Vergeude nicht alle Energie nur für deine Arbeit. Nicht all deine Zeit, Energie und Leidenschaft. Achte besser auf deine Gesundheit. Meditiere öfter, iss gesünder, treibe etwas Sport und ändere deine gesundheitsgefährdenden Gewohnheiten. Blicke lange in eine Kerzenflamme, schreibe eine freundliche Wahrheit über jeden deiner Freunde auf und höre vor allem gut auf Botschaften, die dein Körper dir sendet. Tue das, was er braucht. Danke – denn ein glücklicher Mensch macht die Welt zu einem besseren Ort."

Botschaft an Ratsuchende

Sie brauchen dringend eine Auszeit von mechanischen oder technischen Tätigkeiten. Lassen Sie eine Zeit lang die Finger von allen elektronischen Geräten wie Computern, Handys, iPods – sogar Armbanduhren und Weckern! Es wird höchste Zeit für Sie, sich einfach in den Armen von Mutter Natur auszuruhen. Schwimmen Sie im Meer oder in einem See. Gehen Sie im Wald spazieren. Camping, Wandern oder Gartenarbeit helfen auch. Befreien Sie sich von allen Abgabeterminen, und tauchen Sie ein in die Welt der Natur. Sofort!

Karte 41

Prinzessin Nautilus

Botschaft: Großes persönliches Wachstum

Zu PRINZESSIN NAUTILUS

Eine schöne Meerjungfrau mit großen Augen und sanft wallendem, rotem Haar zeigt uns eine Nautilusmuschel. Die gefühlsbetonte (Wasser-)Prinzessin muss sich bald ihrer Aufgabe als Königin gewachsen zeigen und Entscheidungen treffen. Sie ist noch unsicher, wie sie mit ihrer Macht einmal umgehen wird, und sieht der Zukunft nachdenklich entgegen. Aber um sie herum sind bereits die Zeichen ihrer zukünftigen Erfolge versammelt.

PRINZESSIN NAUTILUS spricht

"Ich weiß, dass ich stark bin, aber die Menschen nehmen mich vor allem als sanft und freundlich wahr. Werden sie mich dann als machthungrig, dominant oder gierig ansehen, wenn ich Herrscherin bin? Doch was sie auch immer denken mögen, ich halte in meiner Veränderung an meiner Muschel fest und erinnere mich durch sie, dass ich nur mit meiner Integrität und meinen rechten Absichten im Einklang sein und wachsen will. Ich werde trotz aller Hindernisse standfest und mir selbst treu bleiben. Ich werde meine Macht nicht missbrauchen – aber gebrauchen will ich sie. Ich werde mich damit – wie du – auf dem Weg zu meinem wahren Ich hin verändern."

Botschaft an Ratsuchende

Sie sind wohl eine sehr sanfte, friedliebende, furchtsame Seele, die vor einer Herausforderung steht. Das Universum fordert Sie auf, eine verantwortlichere und reifere Rolle zu übernehmen, und nun wissen Sie nicht, ob Sie diese Macht annehmen und dennoch ein guter Mensch bleiben können. Die Perlen bedeuten, dass Sie stets aus einer reinen und natürlichen Quelle heraus handeln und Ihre Aufgabe als heilig betrachten sollten. Die Nautilusmuschel bedeutet, dass Sie auf perfekte und ausgewogene Weise an Ihrer Aufgabe wachsen werden – und dass Sie sich ganz natürlich auch noch viel weiter entwickeln werden. Für Sie bricht eine Zeit spiritueller und emotionaler Transformation an, die sich Ihnen durch eine ältere oder erfahrenere Freundin ankündigen könnte, die ein paar ihrer Fähigkeiten und Geheimnisse mit Ihnen zu teilen bereit ist. Sie könnten auch einen Lehrer oder Mentor bekommen, der Ihrem Geist ganz neue Forschungsgebiete eröffnet, oder einem Trainer folgen, der Sie dazu bringt, Ihr Potenzial bald voll aufblühen zu lassen. Vielleicht ergattern Sie einen gut bezahlten Nebenjob, dessen Einkünfte auf förderliche Weise ausgegeben werden wollen? Auf jeden Fall stehen Ihnen neue Verantwortlichkeiten und enormes Wachstum bevor. Handeln Sie mit Würde, Weisheit und Wahrhaftigkeit. Sie sind es wert, und Sie sollten Ihr eigenes Potenzial ernst nehmen.

Karte 42

Geister der Vergangenheit

Botschaft: Die Vergangenheit kehrt zurück

⊙⊙

Zu den GEISTERN DER VERGANGENHEIT

Bei einem Maskenball taucht eine schöne junge Frau auf, die ihre Maske abgenommen hat. In diesem Augenblick stürmen Figuren aus ihrer Vergangenheit die Party: Lehrer, Freundinnen und andere Menschen, denen sie lieber nicht noch einmal begegnet wäre. Eine Person erinnert sie an eine frühere Krankheit, eine andere an eine Prüfung oder eine andere schwere Zeit in ihrem Leben. Wozu dient all dies?

Sie spricht

"Überall um mich herum sind die GEISTER DER VERGANGENHEIT versammelt – vielleicht damit ich sie endlich zur Ruhe bette! Ich habe meine Maske abgenommen und weiß nun genau, wer ich bin, während so viele andere ihre Maske noch tragen und dort verharren, wo ich sie vor so langer Zeit verließ. Es scheint, als müsste ich mich ihnen stellen und mit ihnen Frieden schließen, bevor ich das Vergangene ruhen lassen und zu neuen Dingen übergehen kann. Ich verspüre den Drang, meine Maske aufzusetzen und mich wieder unerkannt zu ihnen zu gesellen … aber das werde ich nicht tun. Ich bin, wer ich jetzt bin. Ich begegne anderen ohne Verstellung und zeige ihnen, was aus mir geworden ist. Ich habe keine Angst mehr vor den Schatten meiner Vergangenheit. Ich bin mit allem, was ich war, und allem, was ich bin, einverstanden."

Botschaft an Ratsuchende

Alte Freunde, Ex-Geliebte, Orte oder Situationen können Ihnen jetzt (real oder symbolisch) begegnen und Sie daran erinnern, wie weit Sie schon gekommen sind. Sie zeigen Ihnen vielleicht auch, dass es in abgehandelt geglaubten Lebensbereichen noch etwas zu tun gibt. Alle Menschen treffen auf solche Herausforderungen. Der Trick besteht darin, schnell hindurchzukommen und dennoch etwas fürs Leben zu lernen. Die maskierten Geister wollen Ihnen zeigen, was oder wer eine Anpassung im Leben benötigt. Eine Aussprache wäre eventuell ratsam mit Menschen, die Sie verletzt haben könnten. Niemand ist vollkommen. Wir alle sollen vergeben, und uns soll vergeben werden. Der jüngste Tag ist gekommen, und Sie sind viel mächtiger, als Sie ahnen. Die Zeit, in der Sie sich hinter etwas "Normalem" verstecken und so tun konnten, als seien Sie "wie alle anderen", ist ein für alle Mal vorbei.

Karte 43

Pinkfarbene Lotosfee

Botschaft: Zeit der Spiritualität

Zur PINKFARBENEN LOTOSFEE

Wir lieben Lästereien, spätes Zubettgehen und schlechtes Benehmen ohne Reue, doch bald können wir das schon mit neuen spirituellen Lektionen und Lehren ausgleichen.

Ein weises Geschöpf, das sehr ruhig, besonnen und friedlich zu sein scheint, taucht am Horizont auf. Es hat einen Weg eingeschlagen, der uns immer zu langsam oder seltsam erschienen war. Doch dieser Mentor, der hier von der PINKFARBENEN LOTOSFEE vertreten wird, hilft uns, mehr von der wahren Weisheit unserer Seele zu entdecken. Auf dieser inneren Entdeckungsreise verpflichten wir uns zu einem gewissenhaften Training im mentalen Bereich und auf körperlicher Ebene, was uns dabei unterstützt, förderliche und belebende Gedanken zu hegen. Wir bleiben authentisch und real. Wir werden ruhig und hören auf den eigenen Herzschlag, ohne die kritische Stimme im Kopf oder die Klischees, die das Ego glaubt, erfüllen zu müssen, zu beachten. Mit durch Meditation oder Mantraübungen erhöhter Disziplin geben wir uns bereitwilliger und ohne Schuldgefühl das, was wir brauchen: Ruhe, Eigenliebe und Frieden. Das Licht und der Schatten in uns kommen wieder in Einklang. Und keine Sorge – wir werden dadurch glücklicher, aber garantiert nicht langweilig. Niemals!

Die PINKFARBENE LOTOSFEE spricht

"Auf deiner Lebensreise musst du beizeiten den himmlischen Ort in deinem Inneren finden, in dem die Seele der Liebe wohnt. In diesem beseligten Zentrum wirst du automatisch gut für dich sorgen und als Lohn sehr bereichernde Informationen und Ratschläge erhalten. Fang an mit Yoga, Tai-Chi, Pilates oder einer anderen Sportart, die mit spirituellem Training verbunden ist, damit du diese Botschaften klar empfangen kannst. Bald schon wird ein Trainer oder Mentor in dein Leben treten, der dir zeigt, wie du deinen eigenen Lebensweg findest und dich dabei zu dem Menschen entwickelst, der du werden willst. Blicke tief in dein Herz, und finde die Liebe, die in ihren eigenen geheimen Bahnen fließt. Deine Liebe fließt reich und warm, und mit der Lehre, die dich erwartet, wirst du den Anschluss an diese Liebe wiederfinden. Wenn du von einem guten Lehrer mit reinen Absichten geduldig lernst, erhöhst du deine Kräfte der Konzentration, der Telepathie, der Intuition und des inneren Friedens – unabhängig von den äußeren Umständen."

Botschaft an Ratsuchende

Eine spirituelle Reise hin zu Ruhe, Entspannung, Liebe zur und Akzeptanz der eigenen Persönlichkeit erwartet Sie. Ihr Drittes Auge und Scheitel-Chakra werden aktiviert und mit dem Energiestrom des Universums verbunden, sodass dessen Liebesbotschaften klar empfangen werden können. Eine korrigierte Beziehung zwischen Körper und Seele bringt friedvoll fließende Energien und erhabene spirituelle Momente mit einem Gefühl von besonderer Verbundenheit.

Eine gute Zeit, um neue Kurse zu beginnen und einen neuen Lehrmeister willkommen zu heißen: ob nun in Form eines Menschen, einer inneren Stimme oder eines Geistführers! Dieser Weg der Ruhe und friedvollen Philosophie mag Ihnen ungewöhnlich oder unpassend erscheinen, dennoch stellt er einen wahrhaftigen Teil Ihrer Persönlichkeit dar, der lange schon anerkannt und erfüllt werden möchte.

Karte 44

Fee der grünen Welt

Botschaft: Die Natur braucht dich

◎◎

Zur FEE DER GRÜNEN WELT

Diese kleine grüne Fee verkörpert die Lebenskraft der Natur. Sie kümmert sich um hängende Pflanzenköpfe, die zu wenig oder zu viel Wasser bekommen haben, und ist eine Heilerin oder Pflegerin der Wald- und Gartenwelt. Sie freut sich jedes Mal, wenn jemand diesem Reich Energie widmet – und jede noch so kleine Anstrengung hilft den Pflanzen unseres Planeten, die bereits sehr erschöpft sind, denn wir erwarten von immer weniger Bäumen und Wäldern immer mehr lebensspendenden Sauerstoff für Tiere, Elemente und natürlich für uns Menschen. Wenn die Kleine von dem Bewusstsein überwältigt wird, was wir der Natur angetan haben, dann erscheint sie und bittet um unsere Hilfe. Sie wird sie dreifach vergelten.

Die FEE DER GRÜNEN WELT spricht

"Die grüne Welt verändert sich, und ich bitte um deine Hilfe. Die Welt braucht dich im Moment, damit du dich auf irgendeine Weise um die Natur kümmerst. Es ist Zeit, einen Garten anzulegen, anderen bei ihrer Gartenarbeit zu helfen oder Gartenerträge oder Blumen aus deinem Garten mit anderen zu teilen. Nutze Solarenergie besser als bisher, entdecke eine eigene Wasserversorgungsquelle, wende dich ein wenig von den Supermärkten ab und versuche, zumindest etwas Strom einzusparen. Lerne, wieder im Einklang mit der grünen Seele der Welt zu leben. Durch dein leuchtendes Beispiel nährst du Mutter Erde, die sich an manchen Tagen schon sehr müde fühlt. Such dir ein Plätzchen auf einer Waldlichtung oder irgendwo unter

Bäumen, und leiste ihr dort ein wenig Gesellschaft. Wenn sie dir durch das Rascheln der Blätter im Wind Worte der Weisheit zuflüstert, erfährst du den besten Ort und die Zeit für deine Spende an die Natur. Die Feen werden sich dir im Gegenzug erkenntlich zeigen."

Botschaft an Ratsuchende

Nehmen Sie sich die Zeit zum Pflanzen und Gärtnern, legen Sie einen Gemüse- oder Kräutergarten an. Spenden Sie etwas Geld oder Ihre Zeit für ein grünes Anliegen: Die Regenwälder oder andere Pflanzenbestände dieses Planeten brauchen Ihre heilende und fürsorgliche Hand sowie Ihr mitfühlendes Herz. Ihr Einfluss hat größere Macht, als Sie vielleicht denken. Spenden Sie für eine Wildlife-Organisation, oder gehen Sie in den Wald und bieten Sie Ihre energetische Unterstützung an, sodass eine Welt entstehen kann, in der es genügend grünen Raum für alle Wesen der Natur gibt. Stellen Sie sich möglichst genau eine Welt vor, in der Pflanzen wachsen und gedeihen, und die FEE DER GRÜNEN WELT wird wissen, dass die Natur in guten Händen ist, solange solche Menschen wie Sie sich um sie sorgen. Das Erdelement möchte jetzt mit viel grünem Wachstum und wahrhaftiger Fülle in Ihr Leben treten. Lassen Sie es ein: Bevorzugen Sie Bio-Lebensmittel und Rohkost, entgiften Sie, entfernen Sie sich vom unnatürlichen System unserer Tage und verbinden Sie sich mit den natürlichen Energieströmen dieses Planeten und dieser Galaxis.

Hexe am Ende der Welt

Botschaft: Ein bedeutsames Ende, ein Neubeginn

⊚◯

Zur HEXE AM ENDE DER WELT

Stürme umtosen sie, elektrische Blitze durchzucken die schwere Luft – und darunter sitzt sie mit ihrer Sanduhr und hält alles zusammen, bis die Macht, welche Veränderung gebiert, ihre Arbeit getan hat. Wenn die HEXE AM ENDE DER WELT in einer Kartenbefragung auftaucht, dann ist jemandes oder einer Sache Zeit bald um. Das Ende kann nicht weiter aufgeschoben werden, denn die Veränderung hat bereits begonnen. Das Einzige, was wir noch tun können, ist, uns auf die Veränderung vorzubereiten und Lösungen für sich abzeichnende Herausforderungen zu finden. Wir alle überstehen das, und alles wird gut – aber vorher gilt es noch, eine Zeit des scheinbaren Chaos zu überstehen. Wer sich bereit macht loszulassen, etwas zu Ende gehen zu lassen und sich der notwendigen Veränderung nicht widersetzt, hat von dem Countdown dieser kleinen Hexe weniger zu befürchten als jene, die sich nicht eingestehen wollen, dass die Veränderung kommt und notwendig ist. Es gibt nichts zu befürchten, doch jede Menge vorzubereiten, um die neue Welt mit offenen Armen zu empfangen.

Die HEXE AM ENDE DER WELT spricht

"Ich bin nicht böse, doch ich bin eine Hexe, und Veränderungen sind unumgänglich in dieser wechselhaften Welt. Ich halte dir die Sanduhr entgegen, damit du weißt, dass das Ende von etwas nahe ist. Du kannst die Zeichen überall um dich herum erkennen: das verrückte Wetter mit Wirbelstürmen und Sturmfluten, die Erdbeben und Brände – und doch halten mich viele für böse, wenn ich offen darauf hinweise. Sie geben dann mir die Schuld an den Katastrophen und erkennen die Zeichen nicht. Es ist höchste Zeit: Sei bereit! Wir werden alle eine enorme Veränderung durchleben, aber alles wird danach besser sein. Während wir uns noch an die alte Welt klammern, fegen Stürme über uns hinweg und das Land ächzt unter einem Heilprozess, der nur aussieht wie Zerstörung."

Botschaft an Ratsuchende

Es erwartet Sie eine sehr bedeutsame Veränderung auf persönlicher oder globaler Ebene, die Energiequellen, Systeme, Beziehungen, die Gesetzgebung, die Wirtschaft, Werte- und Glaubenssysteme betreffen kann. Doch es gibt keinen Grund zur Furcht: Nach einer rauen Überfahrt bei Wind und Wetter kommen Sie sicher auf der anderen Seite an. Veränderungen sind Teil unserer Reise in eine Welt mit fünf Dimensionen, auf eine friedlichere Ebene, auf der der Schatten so wie das Licht geliebt und angenommen wird. Alles ist gut, und die kleine Hexe hält die Welt fest im Griff, bis wir alle sicher auf der anderen Seite angekommen sind.

Alles ist gut.
Alles ist gut.
Alles ist gut.

Danksagung

Vor etwa sieben Jahren war ich in einem sehr hübschen Fairy-Shop in Byron Bay. In dessen magischem Angebot entdeckte ich einen herrlichen Druck einer Künstlerin namens Jasmine Becket-Griffith. Ich verliebte mich sofort in den dunklen, kapriziösen und rebellischen Ton ihrer Arbeit. Ihre Feen schienen offen zu sagen, was so viele Menschen hinter einem Lächeln verbergen. Neben den ehrlichen, lebendigen, starken Indigo-Feen waren ihre Geschöpfe auch traurig, wütend und alles andere als fröhlich. Und doch waren sie von einer süßen Aufrichtigkeit. Meine Tochter konnte mit ihnen ebenso viel anfangen wie meine Mutter und meine Freundinnen. Jasmines Werk überschreitet Grenzen und wird von Menschen jeden Alters und jeder Glaubensrichtung geliebt. Damals hätte ich mir nie träumen lassen, dass ich einmal das Glück hätte, mit ihr arbeiten zu dürfen. Sie ist begabt, freundlich und ihrer Arbeit ganz und gar hingebungsvoll verpflichtet – ein Rezept für großen Erfolg und große Anerkennung.

Ich selbst danke den wunderbaren Freunden, die mit mir lachen und lieben und die mich stärken. Danke, meine Lieben, dass ihr mich erdet und ablenkt, sobald ich obsessiv zu werden drohe. Danke auch für alle "Wows" an den richtigen Stellen, wenn ich euch meine Arbeit zeigte.

Meine Tochter ist ein steter Quell der Freude, des Entzückens und der reinen Liebe für mich. Sie inspiriert mich. Meine lieben Eltern und mein bezaubernder, eigenwilliger Bruder machen mir immer wieder klar, wer ich bin, woher ich komme und wie viel Glück ich habe, dass sie zu mir gehören.

Ich möchte mich sehr bei den Geistern bedanken, die kommen und mit mir sprechen, bei den Wesen, die mich an ihrer Weisheit in unterschiedlichster Form teilhaben lassen. Wir haben einen langen Weg bewältigt, seit ich noch klein und ängstlich war und keine Ahnung hatte, was ich da sah, hörte und fühlte. Danke, dass ihr bei mir geblieben seid.

Doch der größte Dank gebührt all denen, die diese Karten nun in der Hand halten. Denn das bedeutet, sie können beginnen, die Schönheit in ihrer persönlichen Dunkelheit zu erkennen, die neben dem leichter erkennbaren Segen ihres Lichtes ab jetzt zu sehen sein wird.

In großer Liebe und großem Vertrauen,
Lucy Cavendish

Lucy Cavendish

ist eine Hexe, die mit dem Reich der Elementale und der Engel zusammenarbeitet. An jedem Tag ihres Lebens betreibt sie Magie, die sie als Grundlage für ihre persönliche Erfüllung betrachtet und auch als ein Glaubenssystem, das uns alle als Teil der Natur begreift und uns so anspornt, dem einzigartigen Leben auf dieser Erde voller Respekt, Verehrung und Freude zu begegnen.

Lucys Veröffentlichungen werden von so unterschiedlichen Autoren wie Deepak Chopra, Louise L. Hay und Fiona Horne empfohlen. 1992 begründete sie das weltweit wegbereitende Magazin *Witchcraft*, und sie verfasst regelmäßig Beiträge für Fachzeitschriften wie *The Spiritual Guide to Spellcraft* oder *FAE* und Anthologien wie *Pop! Goes the Witch*.

Lucy Cavendish lebt mit ihrer Tochter und ihrer Menagerie aus Pflanzen, tierischen Begleitern, Geistwesen und allen geliebten Elementalen in Sydney.

www.lucycavendish.com

Jasmine Becket-Griffith

ist eine weltbekannte Fantasy-Künstlerin, deren Werke sich in privaten Sammlungen und öffentlichen Ausstellungen rund um den Globus finden. Jasmines Bilder vereinigen Realismus mit dem Wunderbaren, wobei Fantasy- und Gothicwelten ebenso vertreten sind wie die klassische Literatur, das Okkulte, die Natur – und natürlich die Welt der Feen.

Ihre Gemälde werden genauso für Bücher verwendet wie für Fernsehshows, Kinofilme, Magazine, Werbung, Tattoo-Shops, Themenparks und Hunderte lizensierter Merchandise-Artikel.

Jasmine lebt mit ihrem Mann Matt und ihren Katzen in Celebration, Florida.

www.strangeling.com

38 Pendelkarten mit Pendel,
Begleitheft, in Stülpschachtel
ISBN 978-3-89845-098-0
€ [D] 18,40

Anneke Huyser

Pendelset. Perfekt für Einsteiger

Dieses Pendelset mit einem hochwertigen Namaste-Pendel im dekorativen Samtsäckchen ist für den Anfänger wie für den versierten Pendel-Profi geeignet. Die Pendelkarten enthalten alle Arten von Grafiken für die verschiedensten Fragen und Pendel-Aufgaben, wie I Ging, Astrologie, Edelsteine, alternative Heilmethoden u.v.m., sowie alle erforderlichen Hinweise, die in einem kleinen Begleitbuch übersichtlich und leicht verständlich erläutert werden. Mit der beiliegenden Blankokarte kann das Set vom Benutzer zudem beliebig erweitert werden.

79 Karten in Box,
mit 200 S. Handbuch,
broschiert
ISBN 978-3-89845-135-2
€ [D] 24,90

Alexander Kopitkow & Thea

Wicca-Tarot. Das Set
Das Wissen ist in dir

Die Bilder und Symbole des Wicca-Tarots aus der Hand des TV-Star-Astrologen A. Kopitkow sind bewusst assoziativ gehalten, damit eine möglichst intuitive Deutung erfolgen kann. Der besondere Kunststil weckt über die eingearbeiteten Symbole zudem tief verborgene Wissensbereiche. Das Begleitbuch bietet sowohl dem Tarot-Anfänger als auch dem Kenner wertvolle Informationen, indem es neben Tipps zum praktischen Vorgehen und bewährten Legemustern auch hilft, Prognosen und Entscheidungshilfen zu finden. Überdies hält es interessante Informationen über die spirituellen Hintergründe des Tarots bereit.

44 Herzkarten in Box
ISBN 978-3-89845-120-8
€ [D] 13,90

Toni Carmine Salerno

Liebesorakel – Amors Botschaften

Ein Bild sagt mehr als tausend Worte – nach diesem Motto wurde auch das Kartendeck aus Reproduktionen der visionären Bilder des Künstlers Toni Carmine Salerno gestaltet. Mit 44 bewegenden Karten, die inspirieren und Führung in Herzensangelegenheiten anbieten, umfasst es all die vielen verschiedenen Aspekte von Liebesverbindungen und bietet überdies einen intuitiven Zugang zur Arbeit mit Beziehungen.
Das Kartendeck kann allein oder zu zweit gespielt werden.

256 Seiten, broschiert
ISBN 978-3-931652-30-2
€ [D] 15,90

Ted Andrews

Zauber des Feenreichs

Begegnung mit Naturgeistern

Mit ein wenig Geduld und Ausdauer lernen Sie, die Gegenwart von Feen, Elfen, Devas und anderen Naturgeistern zu spüren und wahrzunehmen. Öffnen Sie Ihr Herz und Ihre Sinne diesen nicht auf den ersten Blick sichtbaren Bereichen des Lebens, und wecken Sie die Ihnen angeborenen Fähigkeiten, das Leben in seiner ganzen Fülle zu leben. Ein Handbuch mit praktischen Anleitungen, Meditationen und Übungen in der Natur für die Arbeit mit dem Unsichtbaren.
Ein Werk voller Zauber über eine faszinierende Welt, die greifbar vor uns liegt und die es nur zu entdecken gilt!

368 Seiten, broschiert
ISBN 978-3-89845-091-1
€ [D] 19,90

Ann Moura (Aoumiel)

Naturmagie. Die Grüne Hexenkunst

In »Naturmagie. Die Grüne Hexenkunst« werden die Grundlagen der Wicca-Religion erforscht. Das Buch ist für das Selbststudium verfasst und bietet nicht nur einen hervorragenden Überblick über die Praktiken des Wicca-Kults, sondern führt auch schrittweise in eine große Palette von magischen Techniken sowie in die Grundregeln im Umgang mit der Magie ein. Grüne Rituale für die Selbstinitiation, Übergangsriten, Jahreszeitenfeste und Aktivitäten für die Festtage bieten ein perfektes Fundament zum Aufbau deiner eigenen magischen Tradition. Erlerne die Grundlagen der Hexenkunst unter der Anleitung einer Naturhexe der dritten Generation!

240 Seiten, broschiert
ISBN 978-3-89845-059-1
€ [D] 12,90

Monika Molitor

Wicca-Magie für Junghexen

Mit einem Vorwort von Thea

Willst du die Welt der Magie wirklich entdecken?
Dann nützen dir keine Lehrbücher zum Besenfliegen oder Kochbücher für Tränke. Deine eigenen Fähigkeiten sind gefragt und dein Interesse am Umgang mit der Natur und mit anderen Menschen. Denn Wicca-Magie besteht aus viel mehr als nur aus dem Auswendiglernen von Zaubersprüchen. Es ist eine Art zu leben und zu denken.
Dieses Buch wird dir dabei helfen, eine Hexe oder ein Magier zu werden, den andere ernst nehmen. Es hilft dir, deinen Weg zu finden. Entdecke deine magischen Fähigkeiten!

248 Seiten, broschiert
ISBN 978-3-89845-306-6
€ [D] 14,90

Richard Webster

Magische Liebessymbole

Düfte · Edelsteine · Blumen · Farben · Tarot

Magische Symbole der Liebe und Romantik sind Ausdruck von Gefühlen und Emotionen. Von Perlen bis Granatäpfel oder von Wodka bis Venus – dieses Buch führt Sie durch die Geschichte der Liebesikonografie und verrät, wie Sie mit der kraftvollen archetypischen Energie der Symbole Ihr Leben mit Romantik, Leidenschaft und dauerhafter Liebe bereichern können. Einfache Anleitungen zeigen Ihnen, wie Sie Ihr Liebesleben mithilfe dieser Sinnbilder durch Meditation, Traumarbeit und Zauberei auf eine neue Ebene heben können.

Dieser spannende Ratgeber erzählt daneben wahre Geschichten des täglichen Lebens, die anschaulich illustrieren, wie andere Menschen mit Liebessymbolen einen Partner gefunden, Beziehungsprobleme gelöst oder einen Heiratsantrag erhalten haben ...

76 Karten (10 x 15 cm) in Stülpschachtel
ISBN 978-3-89845-155-0
€ [D] 17,30

Carmen Schüle

Die Handlesekarten

Die Kunst der Liniendeutung

Lesen Sie in der Hand Ihres Gegenübers wie in einem Buch! Selbst Einsteiger werden mit diesem Kartenset spielend leicht in die hohe Kunst des Handlesens eingeführt. Die Hand kann Veranlagungen und Begabungen preisgeben, und das Handlesen führt so zu tiefer Selbsterkenntnis und hilft auch, das Wesen anderer Menschen besser zu ergründen.
Ein ideales und leicht verständliches Einsteigerset.

Weiterführende Informationen zu
Büchern, Autoren und den Aktivitäten
des Silberschnur Verlages erhalten Sie unter:
www.silberschnur.de